Christian Hanne

Ein Vater greift zur Flasche

Sagenhaftes aus der Elternzeit

seitenstraßen|verlag

Impressum

1. Auflage, Oktober 2018, Originalausgabe

© Seitenstraßen Verlag GmbH, Berlin

Satz: baroness.de

Titelbildillustration: Jan Steins

Das Manuskript entstand exklusiv für dieses Buch; es enthält
einige überarbeitete und erweiterte Textpassagen, die zuvor auf dem Blog
des Autors, www.familienbetrieb.info, veröffentlicht wurden.

Druck: CPI Moravia Books

ISBN: 978-3-937088-28-0

Prolog

»Ohne Kinder wäre die Welt eine Wüste.«
Jeremias Gotthelf

»Und die Wohnung wäre aufgeräumt.«
Christian Hanne

Inhalt

Kapitel 1
Kein Angst und Schrecken in der Elternzeit

»Mach dir keine Sorgen, ich bin ja kein Idiot-Dad.« Es ist Montagmorgen, 8 Uhr, und ich verabschiede die Freundin. Sofort ärgere ich mich über meine banalen Worte. Schließlich beginnt heute eine neue Epoche. Eine neue Ära. Ach was, eine neue Zeitrechnung. Also, vielleicht nicht gerade für Deutschland oder die Weltgeschichte, aber für mich. Heute ist der erste Tag meiner Elternzeit.

In den nächsten Monaten muss sich die Tochter mit mir abgeben. Das ist auch für sie ein historischer Einschnitt. Gut, sie ist erst drei Monate alt und in diesem Alter ist fast alles eine noch nie dagewesene Sensation. Den Kopf heben und von links nach rechts drehen? Eine Weltpremiere! Sich die Hand komplett in den Mund stopfen? Mehr davon später im ARD-Brennpunkt! Eine ganze Nacht ohne aufzuwachen schlafen? Das gab es ja noch nie! (Das ist übrigens wörtlich zu verstehen.)

Den ersten Tag meiner Elternzeit hätte ich mit einer bedeutsameren Aussage würdigen müssen. Irgendwas Zitierfähiges. »Ein kleiner Schritt für mich, aber ein großer Schritt für die Menschheit.« Das kann man über Jahrzehnte bei jeder Gelegenheit anbringen. »I have a dream!« Darüber kann man Lieder und Gedichte schreiben. »Geh mir aus der Sonne!« Das ist wenigstens eine schöne Grabinschrift.

Aber »Mach dir keine Sorgen, ich bin ja kein Idiot-Dad!«? Das klingt wie ein Nachruf bei der Verleihung des Darwin Awards für kuriose Todesfälle. Für den Start in die Elternzeit wäre alles besser gewesen als dieser Satz. Selbst »Das trifft nach meiner Kenntnis, … ist das sofort, unverzüglich«.

Für mich war schon während der Schwangerschaft der Freundin klar, dass wir beide Elternzeit nehmen. Das ist in einer gleichberechtigten Partnerschaft schließlich selbstverständlich. Oder anders gesagt: »Mitgefangen, mitgehangen.« Ist ja auch ganz schön, wenn die Tochter und ich viel Zeit miteinander verbringen. Dann sagt sie später hoffentlich nicht: »Papa? Das war doch dieser Mann, der mit uns gefrühstückt hat.«

Nachdem die Freundin die ersten drei Monate bei der Tochter geblieben ist, übergibt sie für die nächsten neun Monate nun den Elternzeit-Staffelstab an mich. Beziehungsweise den vollen Windeleimer. Sie müssen jetzt aber nicht in Jubel ausbrechen, was für ein fortschrittlicher Vater ich bin, weil ich länger Elternzeit nehme als die Freundin. Das hat auch ganz egoistische Gründe: In der Agentur ist die Stimmung nach ein paar betriebsbedingten Kündigungen gerade nur so semi-gut, meine Projekte sind nur so semi-spannend, und der cholerische Chef ist nur so semi-erträglich. Da kommt es mir gerade recht, für ein paar Monate Laptop, Smartphone und PowerPoint-Präsentationen gegen Windeln, Fläschchen und Rassel zu tauschen.

Außerdem erhoffe ich mir von der Rückkehr der Freundin an die Uni, dass sie dort eine steile Karriere hinlegt und möglichst bald ein stattliches Professorinnengehalt verdient. Dann kann ich aufhören zu arbeiten und muss nur noch zu Hause das Dienstpersonal anweisen. So könnten wir uns beide selbstverwirklichen. Die Freundin als renommierte Wissenschaftlerin, ich als entspannter Privatier. Allerdings weiß die Freundin noch nichts von den Zukunftsplänen, die ich für uns schmiede.

Die Reaktionen auf meine Elternzeit waren sehr gemischt. Im Freundeskreis eigentlich ausschließlich positiv. Das liegt wahrscheinlich daran, dass wir relativ wenige bis gar keine Freunde haben, die CSU wählen und dem Familienbild der Adenauer-Zeit hinterhertrauern.

Als die Freundin aber auf einer Familienfeier erzählte, dass sie bald wieder an die Uni geht, fragte Manfred, ein siebzigjähriger angeheirateter Onkel väterlicherseits, wer sich dann um das Kind kümmere. »Das wäre ich«, warf ich ein. »Und wer macht die Wäsche und putzt?«, wollte er weiter wissen. »Das wäre auch ich«, entgegne ich. »Und kochen?« »Ebenfalls ich.« »Aha«, sagte Onkel Manfred skeptisch. »Christian ist halt für die Tochter und den Haushalt zuständig, und ich gehe arbeiten«, sagte die Freundin leicht genervt. »Das ist ja doll, dass dich dein Freund so unterstützt«, erklärte der Onkel und klopfte mir anerkennend auf die Schulter. Bei dem Wort »unterstützt« schwoll die Halsschlagader

der Freundin auf Pythongröße an. Beruhigend legte ich meinen Arm um sie. Onkel Manfred hatte zur Geburt der Tochter ein recht großzügiges Geldgeschenk gemacht. Da die Tochter auch noch Geburtstage, Einschulungen, Namenstage und Ähnliches feiern wird, sollten wir diese Geldquelle nicht leichtfertig durch eine Diskussion über moderne Beziehungen, Gleichberechtigung und Feminismus zum Versiegen bringen. So viel Opportunismus muss sein. Immerhin kostet ein Kind bis zur Volljährigkeit mehr als 100.000 Euro!

Eine alte Schulfreundin meiner Mutter war dagegen ganz aus dem Häuschen, als ich meine bevorstehende Elternzeit erwähnte. Sie sagte, es wäre an der Zeit, dass endlich auch die Männer ihren Beitrag zu Kinderbetreuung und Hausarbeit leisteten und Frauen Karriere machten und Geld verdienten. Dann wäre endlich Schluss mit dem elenden Patriarchat und der Unterdrückung der Frauen. 40 Jahre »Emma« lesen sind anscheinend nicht spurlos an ihr vorübergegangen.

An der Arbeit wurde meine Elternzeit nicht ganz so überschäumend aufgenommen. Der Chef fragte mich mehrmals und selbst nachdem alle Formalitäten erledigt waren, ob ich mir das auch wirklich gut überlegt hätte. »Immer nur füttern, Windeln wechseln und Wäsche waschen ist ganz schön mühselig«, erklärte er mit ernstem Blick. Ich hatte große Zweifel, dass er jemals in seinem Leben eine Windel gewechselt oder eine Waschmaschine gefüllt hat, verkniff mir aber die Frage, auf welchen Erfahrungswerten seine Aussage beruhe. »Und den ganzen Tag nur mit einem Baby zusammen sein, ist auf Dauer auch ganz schön öde«, fuhr er fort. »Da fehlt es einem an intellektueller Inspiration, da kommt ja höchstens ein wenig Gebrabbel.« Worte, mit denen auch sehr gut die wöchentlichen Mitarbeiter-Ansprachen des Chefs beschrieben werden könnten, aber auch diesmal schwieg ich. Man darf nicht immer sagen, was man denkt.

Die Kolleginnen und Kollegen reagierten ebenfalls verhalten auf meine Elternzeit. Wahrscheinlich wegen der Mehrarbeit, die dadurch auf sie zukommen könnte. Michael, der mich bei meinen Kunden vertreten wird, erklärte voller Neid, er würde auch gerne mal neun Monate bezahlten Urlaub machen. – Am besten rufe ich ihn jede Nacht an, wenn die Tochter aufwacht, schicke ihm Tonaufnahmen von der brüllenden Tochter und erfreue ihn bei WhatsApp mit Bildern von vollen Windeln. Dann hat er auch ein wenig Urlaubsfeeling.

Obwohl die Freundin sich auf ihre Rückkehr an die Uni freut, fällt es ihr heute Morgen schwer, sich zu verabschieden. Während wir an der Tür stehen, hält sie die Tochter auf dem Arm und überhäuft sie mit Küssen und Liebkosungen, was diese in einer Mischung aus Routine und Teilnahmslosigkeit über sich ergehen lässt. »Am liebsten würde ich dich mitnehmen«, murmelt die Freundin mit zittriger Stimme.

Erstaunlich, dass das dieselbe Frau ist, die mir erst vor einer Woche, als ich abends von der Arbeit nach Hause kam, die quengelnde Tochter in den Arm drückte und schnaubte: »Wenn ich auch nur noch einen Tag alleine mit diesem Kind verbringen muss, werde ich wahnsinnig!« Und zwar in einem Tonfall, aus dem sich allenfalls mit viel Wohlwollen so etwas wie Mutterliebe heraushören ließ. Anscheinend hat die Freundin nun alle Strapazen der vergangenen Monate verdrängt. Das ist vermutlich diese Stilldemenz.

Ich entwinde der Freundin die Tochter und schiebe sie sanft aus der Tür. Die Freundin geht in Zeitlupe die Treppe hinunter und pustet Luftküsschen durch den Hausflur wie die Darstellerin einer drittklassigen Liebesschmonzette. Um das unwürdige Schauspiel zu beenden, schließe ich einfach die Tür. Sie empfinden das vielleicht als etwas gefühlskalt, aber ich denke, der Abschied von Mutter und Baby muss wie das Abreißen eines Pflasters sein: kurz und schmerzhaft. Dann erholen sich alle Beteiligten schneller. Die Tochter nimmt die Trennung von ihrer Mutter ohnehin recht gelassen. Sie schläft auf meinem Arm ein.

Die nächsten neun Monate wird sich mein Leben total verändern, denke ich, während ich mich mit der schlafenden Tochter aufs Sofa setze. Ich werde ganz alleine für die Tochter verantwortlich sein. Zumindest tagsüber. Mir macht das aber keine Sorge, ich freue mich darauf. Müsste ich die bevorstehende Elternzeit mit einem Song beschreiben, wäre es »It's the end of the world as we know it and I feel fine« von R.E.M.

Das wird schon laufen mit der Elternzeit. Schließlich muss ich nicht den unglaublichen Hulk im Zaum halten, sondern nur die 60 Zentimeter kleine Tochter. Obwohl ihr Heulen manchmal wie das Hulk-Brüllen klingt. Nur lauter.

»Wir schaffen das!«, flüstere ich der immer noch schlafenden Tochter ins Ohr. Die Freundin hat das ja auch hinbekommen. Alles eine Frage der Routine. Und von genügend Nahrung. Für die Tochter. Und für mich.

Kapitel 2
Ein Vater greift zur Flasche

»Stets zu Ihren Diensten, die Dame.« Es ist Mittwochvormittag, kurz vor 11 Uhr, und die Tochter quengelt, weil sie Hunger hat. Ich habe mir angewöhnt, mich gegenüber der Tochter wie ein Butler des englischen Königshauses auszudrücken. Nicht um ihr frühzeitig gutes Benehmen beizubringen, sondern weil es meiner Elternzeit ein wenig Würde verleiht. Außerdem lässt es mich die Illusion aufrechterhalten, ich wäre nicht der Leibeigene einer drei Monate alten Person, der zu springen hat, wenn sie auch nur einen Mucks macht. Denn seien wir ehrlich, als Eltern ist man für einen Säugling eine Mischung aus Koch, Kammerdiener, Putzgehilfe, Chauffeur, persönlicher Assistent und Pausenclown.

Die Tochter meckert weiter. Ich gehe mit ihr in die Küche, ein Fläschchen zubereiten. Mütter haben es da ja einfacher. Die müssen nur die Brust rausholen, das Kind anlegen, und schon geht es los mit der Fütterei. Allerdings mögen es Mütter nicht sonderlich, wenn Väter ihnen sagen, dass sie es einfacher haben. Verständlich, sie sind es ja, die etwas von der Größe einer Melone durch eine Körperöffnung vom Durchmesser einer Konservendose gepresst haben. Oder sich den Bauch haben aufschneiden lassen, um ein Lebewesen aus sich herausholen zu lassen. Da möchte dann niemand etwas davon hören, sie habe es einfacher.

Ich setze die Tochter in die Babywippe, damit sie sich ein wenig die Zeit mit der kleinen Clownsfigur am Tragegriff der Wippe vertreibt, während ich mich entspannt der Essensvorbereitung widme. Ein zum Scheitern verurteilter Plan, verfügen dreimonatige Babys doch über die Aufmerksamkeitsspanne von Donald Trump bei der morgendlichen Lagebesprechung. Nach knapp zehn Sekunden findet die Tochter den Clown so interessant wie eine Neujahrsansprache von Angela Merkel, und sie teilt mir durch lautstarkes Nölen mit, dass sie das vorhandene Freizeitangebot als inakzeptabel empfindet.

Die Freundin und ich vermuten ohnehin, dass die Tochter vergnügungssüchtig ist. Sofern sie nicht mit Trinken, Verdauen oder Schlafen beschäftigt ist, verlangt sie von uns, durch Herumtragen und Herumfahren, durch Schaukeln und Wippen oder durch Singen und Tanzen bespaßt zu werden. Müsste ich unsere Elternschaft mit einem Song beschreiben, wäre es »Let me entertain you« von Robbie Williams. Mit meinem rechten Fuß setze ich die Wippe in Schwung, um die Tochter bei Laune zu halten.

Das einbeinige Fläschchenzubereiten bringt mich an die ohnehin nicht besonders weit gesteckten Grenzen meiner grob- und feinmotorischen Fähigkeiten. Beim Öffnen des Muttermilchbeutels rutscht mir dieser aus der Hand und sein Inhalt breitet sich großflächig auf der Arbeitsplatte aus, von wo er auf den Boden tropft. Die Freundin wäre bestimmt nicht amüsiert darüber, wie ungeschickt ich mit der kostbaren Nahrung umgehe. Um die Versorgung der Tochter während meiner Elternzeit zu gewährleisten, hatte sie in den letzten Wochen hektoliterweise Muttermilch abgepumpt, als strebe sie eine Karriere als Holsteinische Milchkuh an. Ein Vergleich, den man im Übrigen nicht allzu häufig verwenden sollte, wenn einem an partnerschaftlicher Harmonie gelegen ist. Am besten nie.

Zum Milchabpumpen zog sich die Freundin immer ins Schlafzimmer zurück, wo ich sie lieber alleine ließ. Schließlich möchte man sich auch als Eltern eines Babys einen Rest an erotischer Leidenschaft bewahren. Da ist der Anblick der Partnerin, die mit einer Plastikpumpe Milch aus ihrer Brust saugt, wenig hilfreich. Aber dafür ist unser Gefrierschrank bis zum Rand mit Muttermilch-Beuteln gefüllt.

In der Werbung wurden diese Beutel als besonders stabil und praktisch in der Handhabung angepriesen, in der Realität erweisen sie sich als »instabil und wabbelig in der Handhabung«. Beim Umfüllen der restlichen Milch ins Fläschchen bin ich treffsicher wie die Teilnehmer eines ostwestfälischen Schützenfestes nach dem achten Bier. Fast die Hälfte geht daneben. Was im Umkehrschluss immerhin bedeutet, dass die andere Hälfte dort landet, wo sie hin soll. Als einbeiniger Muttermilch-Koch muss man sich eine positive Sicht auf die Dinge bewahren.

Um die Muttermilch im Wasserbad aufzuwärmen, unterbreche ich kurz die Bewegung der Wippe. Die Tochter reagiert darauf derart unwirsch, dass Klaus Kinski im Vergleich zu ihr als ausgeglichener und friedliebender Mensch gelten kann. Ich nehme die Tochter auf den Arm, was ihre Laune ein wenig verbessert. Dafür muss ich nun den Sauger mit einer Hand auf das Fläschchen schrauben, was mir allerdings nicht recht gelingt. Als ich das Fläschchen wie ein einarmiger Barkeeper schüttele, damit sich die Wärme gleichmäßig verteilt, spritzt mir die Muttermilch über mein Gesicht, die Brille und das T-Shirt sowie auf Boden und Wände.

Schließlich setze ich mich mit der Tochter an den Küchentisch, wo sie sich sofort mit der Saugkraft eines Industriestaubsaugers die Milch reinzieht, als hätte sie Angst, ich könnte ihr etwas wegtrinken. Dieses futterneidische Misstrauen der Tochter ist zwar ein wenig kränkend, aber auch nicht gänzlich unangebracht. Ich bediene mich tatsächlich gerne am Essen anderer. Vor allem wenn die Freundin und ich fernsehen. Wenn sie mich fragt, ob ich auch etwas zum Knabbern möchte, verneine ich das zunächst. Kurz danach entwickle ich dann immer einen unkontrollierbaren Heißhunger auf Chips, Gummibärchen und Schokolade und frage sie zu ihrem großen Missfallen, ob ich doch etwas abhaben könnte. Ein Verhalten, das uns irgendwann noch mal zur Paartherapie führen wird. Oder die Freundin ins Gefängnis wegen Totschlags im Affekt.

Nachdem die Tochter das Fläschchen bis auf den allerletzten Tropfen leer getrunken hat, verdreht sie die Augen und schläft ein. Ich bringe sie ins Bett und betrachte sie eine Weile. Was für ein Leben. Essen, schlafen und zwischendurch ein wenig Amüsement einfordern. Mehr spätrömische Dekadenz geht nicht. Am liebsten würde ich mich zur Tochter legen. Es heißt ja nicht umsonst »Schlafe, wenn dein Kind schläft«. Allerdings müsste die Wohnung auch mal wieder richtig aufgeräumt und geputzt werden. Das erledigt sich nämlich nicht im Schlaf. Wenn das so wäre, nähmen wahrscheinlich viel mehr Väter Elternzeit.

Normalerweise schläft die Tochter nach dem Vormittagsfläschchen ungefähr eine Stunde. Mir bleiben also rund sechzig Minuten, um die komplette Wohnung auf Vordermann zu bringen. Ein ambitioniertes Unterfangen, jedoch machbar. Aber warum heißt es eigentlich »die Wohnung auf Vordermann bringen«, wo es doch meistens die Frauen sind, die putzen. Ich konsultiere mein Handy und lerne, dass die Redewendung aus dem Militärischen stammt. Wenn sich die Soldaten in Reih und Glied aufstellen müssen, orientieren sie sich an ihren Vordermännern, damit es schön ordentlich aussieht.

Und schön ordentlich soll unsere Wohnung auch mal wieder aussehen. Dafür bleiben mir nach meiner Internetrecherche zwar nur noch 52 Minuten, aber es ist in der Elternzeit wichtig, sich stetig fortzubilden und der intellektuellen Verödung Einhalt zu gebieten. Von der Tochter ist da nur wenig Unterstützung zu erwarten. Denn bei aller Liebe sind Babys als Gesprächspartner ungefähr so inspirierend wie Wilson, der Volleyball, der Tom Hanks in »Cast Away« auf der einsamen Insel Gesellschaft leistet. Wobei der unschätzbare Vorteil von Wilson darin besteht, einen nicht alle paar

Stunden aus dem Schlaf zu reißen und lautstark die nächste Mahlzeit einzufordern.

Ich gehe zurück in die Küche, wo es wie nach einer wilden WG-Party aussieht. Nur dass statt leerer Bierdosen Babyfläschchen rumliegen, an der Wand klebt kein Kartoffelsalat, sondern Muttermilch, und es riecht nicht nach Erbrochenem, aber nach vergorener Milch. Da stellt sich die Frage: Putzen oder gleich abfackeln?

Zumindest könnte ich den Kochtopf, das Fläschchen und ein paar Müsli-Schälchen vom Frühstück sowie die Teller und das Besteck vom gestrigen Abendessen in die Spülmaschine stellen. Die ist aber »voll sauber«, wie meine Mutter zu sagen pflegt. Das scheint ein Naturgesetz zu sein: Eine Spülmaschine ist nie leer, wenn man dreckiges Geschirr einräumen will.

Am besten schaffen wir uns einfach eine zweite Spülmaschine an. Dann hätten wir immer eine Maschine mit sauberem Geschirr, aus der wir uns bedienen, und eine Maschine, die wir mit dem benutzten Geschirr bestücken. So würden wir uns das elende und nie enden wollende Ausräumen des Geschirrspülers sparen.

Sie sehen, auch in der Elternzeit denke ich visionär wie Steve Jobs, als er auf die Idee kam, ein Telefon zu erfinden, mit dem die Menschen fotografieren, Musik hören und Katzenvideos anschauen können. Eine ausführliche Recherche auf verschiedenen Preisvergleichsseiten sowie eine Überprüfung unseres Kontostandes bringt jedoch leider die ernüchternde Erkenntnis, dass wir uns keinen zweiten Geschirrspüler leisten können.

Da ich nur noch 39 Minuten zum Aufräumen habe und die Küche keiner Komplettrenovierung unterziehen kann, gehe ich ins Wohnzimmer. Das ist derart unordentlich und chaotisch, dass es dagegen bei den Hempels unterm Sofa aussieht wie in einem Designer-Loft aus »Schöner Wohnen«. Die Herkunft der Redewendung »bei Hempels unterm Sofa« ist übrigens unbekannt. Aber Luther benutzte schon den Begriff »großer Hampel«, um unkultivierte und einfältige Menschen zu beschreiben. Sagt zumindest mein Handy. Es bleiben noch 32 Minuten zum Putzen.

In den Ecken des Wohnzimmers haben sich mehrere Staubmäusepopulationen häuslich eingerichtet. Es müsste dringend mal gesaugt werden. Mit einem Säugling als Mitbewohner ist das gar nicht so einfach. Wenn ich jetzt sauge, ist das Wohnzimmer zwar sauber, aber ich wecke die Tochter, was es unbedingt zu vermeiden gilt. Sauge ich dagegen nicht, schläft zwar die Tochter, dafür vermehren sich die Staubmäuse und übernehmen unsere Wohnung, sodass wir uns eine neue Bleibe suchen müssen. Eine klassische Lose-lose-Situation.

Wir bräuchten einen schallgedämpften Staubsauger. Am besten einen schallgedämpften Staubsaugerroboter. Den man im Idealfall auch zum Einkaufen schicken kann. Ich surfe die Webseiten aller mir bekannten Herstellerfirmen ab, aber so ein Modell gibt es anscheinend nicht. Noch 17 Minuten für das Projekt »Saubere Wohnung«.

Ich begebe mich ins Badezimmer. Das weist einen Verschmutzungsgrad auf, der eine Beuys'sche Kunstinstallation vermuten lässt. Fun Fact von Wikipedia: Als die berühmte Fettecke nach dem Tode Beuys Mitte der 80er zerstört wurde, bekam der Fettecken-Erbe einen Schadensersatz von 40.000 DM. Das Putzen des Bades würde uns also 20.000 Euro kosten. Also lasse ich es lieber bleiben. Außerdem schläft die Tochter nur noch knapp elf Minuten.

Da kümmere ich mich lieber schnell um die Wäsche. Es ist ja sensationell, wie viel schmutzige Klamotten ein Mensch produzieren kann, der nur einen guten halben Meter groß ist. Der mit Bodys, Stramplern, Schlafanzügen, Jäckchen, Söckchen und Mützchen gefüllte Wäschekorb lässt darauf schließen, dass die Tochter ihre Kleidung häufiger wechselt als Lady Gaga bei ihren Bühnenshows.

Das Wäschemachen wird dadurch verkompliziert, dass die Waschmaschine voller sauberer Wäsche ist – auch so ein Naturgesetz – und der Wäscheständer voller getrockneter Babykleidung – ein weiteres Naturgesetz. Gegen das Wäschewaschen in einem Säuglingshaushalt erscheint das Steinerollen von Sisyphos als produktive und geradezu sinnstiftende Tätigkeit. Zur Lösung der Wäschesituation stelle ich einfach die Maschine mit den gewaschenen Klamotten noch mal an. Den Ständer bringe ich ins Kinderzimmer und stelle ihn neben der Wickelkommode auf, wo die sauberen Bodys und

Strampler am ehesten benötigt werden. Das spart einem, das heißt mir, auch das lästige Zusammenlegen und Wegräumen der Kinderwäsche.

Bevor die Tochter in fünf Minuten aufwacht, mache ich mir in der Küche schnell einen Kaffee. Ich finde, nach der vielen Hausarbeit habe ich mir den wirklich verdient. Da höre ich aber schon, wie die Tochter quäkt und zappelt. Mit erhabenem Schritt trete ich an ihr Bettchen. »Womit kann ich Ihnen dienen, werte Dame?«

Kapitel 3
Allein unter Frauen

»Geh da mal hin, das macht bestimmt Spaß«, sagt die Freundin. »Und außerdem tut es dir gut, wenn du Kontakt zu anderen Eltern hast.« Es ist Samstagmorgen, 7.30 Uhr, und wir frühstücken gerade. Die Tochter thront in ihrer Wippe auf dem Tisch, umringt von Aufschnitt, Marmelade und Nuss-Nougat-Creme. Während ich einen großen Schluck Kaffee nehme, lasse ich mir die Sätze der Freundin durch den Kopf gehen und komme nach reiflicher Überlegung zu dem Schluss, dass sie falsch sind, und zwar auf ganz vielen Ebenen.

»Geh da mal hin« bezieht sich auf einen sogenannten PEKiP-Kurs. PEKiP ist die Abkürzung für Prager-Eltern-Kind-Programm und so eine Art Krabbelgruppe für Eltern und Kinder. Ein Kind finde ich meistens nett und süß – vor allem, wenn es das eigene ist –, mehrere Kinder dagegen sind oft laut und anstrengend. Wobei das häufig gar nicht an ihnen, sondern an ihren Eltern liegt.

»Das macht bestimmt Spaß.« Auch diesem Teil der Aussage der Freundin möchte ich nicht uneingeschränkt zustimmen. Ich möchte sogar entschieden widersprechen. Anderthalb Stunden mit mir unbekannten Menschen in einen Raum gepfercht zu werden rangiert bei mir irgendwo zwischen dem Besuch eines Andreas-Gabalier-Konzerts und einer Darmspiegelung ohne Narkose. Und wenn es da tatsächlich so spaßig zugeht, wäre die Freundin in ihrer Elternzeit bestimmt selbst mit der Tochter hingegangen. Ist sie aber nicht. Sie ist nämlich genauso kontakt- und menschenscheu wie ich. Am liebsten würde sie alleine in einer abgeschiedenen Hütte irgendwo in den Bergen hausen. Es grenzt an ein Wunder, dass zwei so sozialphobische Menschen wie wir überhaupt zueinander gefunden haben. (Die Stichworte Studienzeit, Partys und Alkohol mögen Ihnen einen Hinweis darauf geben, wie das gegen jede Wahrscheinlichkeit doch geklappt hat.)

»Außerdem tut es dir gut, wenn du Kontakt zu anderen Eltern hast.« Es ist mir vollkommen schleierhaft, was daran gut sein soll, mich mit anderen Eltern zu treffen. Seit zwei Wochen bin ich jetzt in Elternzeit und bin mit meiner Elternkontaktfrequenz sehr zufrieden. Ich finde, ich habe mehr als ausreichenden Kontakt zu Eltern. Zum Beispiel zu meinen eigenen. Mit denen telefoniere ich jedes Wochenende, und meine Mutter bringt mich dann auf den neusten Stand über die Entwicklungen im Verwandten- und Bekanntenkreis und die Geschehnisse in meinem alten Heimatdorf.

Es ist auch nicht so, als hätte ich gar keinen Kontakt mit anderen Eltern. Manchmal rede ich sogar mit denen. Im Park beim Spazierengehen oder so. Also, wenn es sich gar nicht vermeiden lässt. Ich habe nämlich Angst, dass ich, wenn ich noch einmal den Satz »Mein Kind ist hochbegabt« hören muss, mir auf der Stelle beide Ohren abschneide, und das wäre für die Tochter sicherlich eine traumatische Erfahrung, die ich ihr gerne ersparen möchte.

Die Freundin schwärmt derweil davon, wie wichtig solche Kurse für die Entwicklung von Kindern seien. Sozial, motorisch und kognitiv. Ich bin da eher skeptisch. Babymassage, Delfi, Pikler, musikalische Früherziehung für Neugeborene, Kinder-Yoga und was es da noch so alles gibt. Mir scheint es, dass das weniger der Förderung der Kinder dient, sondern dass optimierungswütigen Eltern Geld aus der Tasche gezogen wird. So eine Art Enkel-Trick für Jungeltern. Darüber müsste es mal einen Bericht bei »Nepper, Schlepper, Bauernfänger« geben.

Wir hätten so etwas früher nicht gehabt, und es hätte uns auch nicht geschadet, erkläre ich der Freundin. Die scheint meine Meinung nicht zu teilen. Sie antwortet aber nicht, sondern zieht lediglich die linke Augenbraue nach oben. Mich nervt das immer kolossal, denn ich bin nicht in der Lage, meine Augenbrauen einzeln und unabhängig voneinander zu bewegen. Im Gegensatz zur Freundin kann ich auch nicht die Zunge rollen oder mit den Ohren wackeln. Somit sind meine Fähigkeiten, Unterhaltungen nonverbal mittels mimischer Gesichtsakrobatik zu führen, sehr beschränkt. Ein gravierender Wettbewerbsnachteil in partnerschaftlichen Diskussionen.

Aber möglicherweise hat die Freundin ja auch recht, was die entwicklungsfördernden Effekte dieser Babykurse angeht. Ich möchte mir später nicht vorwerfen lassen, es hat bei der Tochter nicht zum Olympiasieg im Kunstturnen oder zum Medizin-Nobelpreis gereicht, weil ich mich damals dem PE-KiP verweigert habe

Also erkläre ich nonchalant, ich könne mir das ja mal anschauen. »Das ist ja ganz wunderbar«, strahlt die Freundin. »Ich habe euch da schon angemeldet. Nächsten Dienstag geht es los.« Ich bin empört und protestiere, sie könne doch nicht einfach, ohne mich zu fragen, über meine Zeit verfügen. Die Freundin erwidert spöttisch, während meiner Elternzeit gäbe es da bestimmt keine Terminkonflikte. Dann hebt sie die rechte Augenbraue, und die Diskussion ist beendet.

Drei Tage später stehe ich mit der Tochter vor dem Familienzentrum »Hummelnest«. An der Haustür ist ein Schild angebracht, auf dem »Esoterik – Anthroposophie – Astrologie« steht. Ich vermute zunächst, dass es ein Warnhinweis ist, so wie »Vorsicht, bissiger Hund!«, aber es handelt sich um eine Werbetafel. Am Handy kontrolliere ich die Anmeldebestätigung, die mir die Freundin weitergeleitet hatte. Zu meinem Entsetzen muss ich feststellen, dass ich bei der richtigen Adresse bin. Somit gibt es keine plausible Entschuldigung, nicht bei dem Kurs zu erscheinen.

Im Hausflur stehen bereits kreuz und quer ganz viele Kinderwagen. Sieht aus, als hätte eine Gruppe französischer Fahrschüler Einparken geübt. Ich stelle unseren Wagen dazu und trage die Tochter hoch in den fünften Stock.

Oben angekommen betrete ich leicht kurzatmig den Kursraum, dessen Wände mit Schwammtechnik-Mustern in verschiedenen Komplementärfarben verziert sind. Acht Frauen schauen mich so überrascht an, als sei gerade ein steppender Goldhamster durch die Tür getreten. Anscheinend haben sie nicht mit einem Vater gerechnet. Sie begrüßen mich überaus freundlich, und die Kursleiterin, eine irritierend ausgeglichene und sanftmütige Endvierzigerin, lädt mich ein, mich zu den anderen zu gesellen. Die Mütter sitzen bereits im Kreis beieinander, ihre Babys liegen nackt vor ihnen. Das hatte ich schon im Internet gelesen: Beim PEKiP sollen die Kinder unbekleidet sein, dann wären sie nicht so eingeengt und könnten sich freier bewegen und entfalten. Ein interessanter Ansatz, den ich nach meiner Elternzeit gleich mal im Büro für das nächste Kreativ-Brainstorming vorschlagen werde.

Damit die nackten Babys nicht frieren, ist der Raum stark geheizt. Mindestens 30 Grad, schätze ich. Wegen der Hitze, dem anstrengenden Treppenlaufen und weil mich alle anstarren, während ich die Tochter ausziehe, laufen meine Schweißdrüsen auf Hochtouren. Die Tochter fühlt sich aber wohl und steckt sich erst mal einen Fuß in den Mund.

Die anderen Babys scheinen auch alle gut drauf zu sein und bringen das durch fröhliches Pieseln zum Ausdruck. Aufgrund des tropischen Raumklimas sind die Frauen alle leicht bekleidet mit Shorts, luftigen T-Shirts und barfuß. Ein leichter Käsegeruch liegt in der Luft. Ich beschließe, Hose und Socken anzulassen, alles andere wäre mir zu intim für meinen ersten PEKiP-Besuch.

Kaum habe ich mich in den Kreis gesetzt, pinkelt mir ein Baby aus gut drei Metern Entfernung genau auf die Brust.

Im Zoo gibt es bei den Raubtierkäfigen wenigstens den Warnhinweis »Vorsicht! Löwe spritzt mit Urin!«. Das wäre hier vielleicht auch ganz nützlich. »Vorsicht PEKiP! Babys spritzen mit Urin«. Die Mutter des kleinen Pinklers sitzt direkt neben mir und freut sich, dass ihr kleiner Konrad mich so gerne hat. Die Kursleiterin ist der gleichen Meinung und flötet fröhlich, das sei alles gar nicht so schlimm, es wäre ja nur ein bisschen Pipi auf einem T-Shirt gelandet. Ich würde mich ihrer Meinung anschließen, wäre es nicht mein T-Shirt, auf dem »ein bisschen Pipi« gelandet ist.

Ich beschließe, Konrad und seine Pinkelaktivitäten im Auge zu behalten. Er ist nämlich beschnitten, was erklärt, wie er mich überhaupt auf so große Entfernung treffen konnte. Früher bei den Weitpinkel-Wettbewerben waren die Beschnittenen immer klar im Vorteil. Da hatten wir Vorhäutler nicht den Hauch einer Chance. Ich sehe eine große Weitpinkler-Zukunft für den kleinen Konrad. Das wird ihm einen vorderen Platz in der sozialen Hierarchie seiner Peer Group sichern. Um Konrad müssen wir uns keine Sorgen machen, dass er später gemobbt wird. Und falls doch, wird er sich pinkelnd zur Wehr setzen.

Nachdem ich erfolglos versucht habe, mein T-Shirt mit Feuchttüchern trocken zu reiben, gibt es erst mal eine Vorstellungsrunde. Dabei erfahre ich, dass sich die Mütter alle schon kennen, und zwar vom Geburtsvorbereitungskurs hier im »Hummelnest«. Da hätten sich alle so gut verstanden, dass sie gerade gemeinsam einen alternativen Kinderladen ins

Leben rufen. Mit Feng Shui optimierter Einrichtung, ayurvedisch-veganer Küche, regelmäßiger Chakrenreinigung und allem, was das Eso-Herz sonst noch so begehrt. Das erinnert mich stark an unseren esoterisch angehauchten Geburtsvorbereitungskurs, den wir letztes Jahr besucht hatten. Bei mir schrillen alle Alarmglocken. Beziehungsweise die tibetanischen Klangschalen werden in Schwingung versetzt.

Eigens für mich stellen sich die Mütter alle vor. Namen schwirren durch den Raum, die ich mir kaum merken kann. Außer Dörte, Konrads Mutter, die zu meiner Linken sitzt und eine von diesen altmodischen hässlichen Brillen trägt, die gerade wieder hip sind. Und Miriam, die rechts neben mir hockt. Mit ihrem blonden Pferdeschwanz und der lässigen Strähne, die ihr in die Stirn hängt, erinnert sie mich stark an Eva aus der 10b, in die ich damals unsterblich verliebt war. Wobei das auf mehr als die Hälfte der Mädchen meiner Jahrgangsstufe zutraf. Wenn in der Pubertät das Testosteron einschießt, ist das Konzept der Liebe recht weit gefasst und in erster Linie durch notgeiles Verlangen gekennzeichnet, gegen das Bonobos als frigide gelten können.

Auch die Kinder werden in der gebotenen Ausführlichkeit vorgestellt. Mit allen relevanten Kennzahlen wie Wochenalter, Größe, Gewicht, Schlafdauer, Trinkfrequenz. So wie früher beim Autoquartett, wenn wir Hubraum, PS und Höchstgeschwindigkeit miteinander verglichen.

Ich selbst bin ein wenig überfordert und habe die Baby-Skills der Tochter nicht parat. Stattdessen nuschle ich etwas davon, dass sie schon mächtig gewachsen sei und immer schwerer würde. Die anderen Mütter sehen mir meinen Mangel an Detailkenntnissen nach. Anscheinend genieße ich als einziger Vater eine Art Welpenschutz, und sie sind froh, dass überhaupt mal ein Mann dabei ist.

Nach der Vorstellungsrunde wird erst mal gesungen. »Bruder Jakob«, aber mit einem anderen Text, bei dem alle Babys namentlich begrüßt werden. Und dazu wird geklatscht. Ich persönlich bin bei rhythmischem Gruppenklatschen immer etwas zurückhaltend, denn es erinnert mich an den Musikantenstadl. Die Mütter sind aber alle ganz beseelt und klatschen fast schon ekstatisch mit.

Die Tochter ist derweil zur Wand gekullert und leckt an einem Heizungsrohr. Ich würde das jetzt auch gerne tun in der Hoffnung auf eine sofortige Bleivergiftung, damit ich ins Krankenhaus gebracht werden muss und diesem Kurs entfliehen kann.

Im Anschluss an die Gesangsrunde bekommen die Babys pädagogisch wertvolles Spielzeug in die Händchen gedrückt, mit dem sie sich beschäftigen sollen. Währenddessen unterhalten sich die Mütter über ihre Kinder. Das ist nämlich ganz wichtig beim PEKiP: Während die Kinder der Freikörperkultur frönen, sollen sich die Eltern austauschen. Dadurch erfahre ich sehr viel über Hautirritationen, Blähungen und die Konsistenz von Stuhlgängen der teilnehmenden Babys.

Auch über ihre eigenen Befindlichkeiten sprechen die Mütter in aller Ausführlichkeit. Hier gibt es überraschend große Überschneidungen mit den Babythemen. Erneut geht es um Hautirritationen, Blähungen und die Konsistenz von Stuhlgängen. Des Weiteren erfahre ich – mehr als mir lieb ist – über Ausfluss nach der Geburt, Pflegemöglichkeiten beim Dammriss sowie Partnermassagetechniken zur Unterstützung der Gebärmutterrückbildung.

Nach ihrem Heizungsrohrausflug liegt die Tochter wieder neben Konrad. Die beiden lutschen zufrieden an einer Rassel und pinkeln.

Dörte erzählt nun davon, ihre Brüste seien in letzter Zeit »knotig«, von wegen Milchstau und so. Ich persönlich bin ja eher der klemmige Typ und möchte mir nicht unbedingt etwas über die problematische Beschaffenheit der Brüste fremder Frauen anhören. Dörte scheint da ganz anders gestrickt zu sein. Damit sich alle einen Eindruck von ihrer knotigen Brust verschaffen können, lupft sie ihr T-Shirt, und die anderen Frauen tasten interessiert an Dörte herum. Ich weiß gar nicht mehr, wo ich hinschauen soll, als Dörte plötzlich sagt: »Fass ruhig mal an. Dann weißt du, wie sich das anfühlt, wenn deine Freundin mal das gleiche Problem hat.« Wenn schon, würde ich ja lieber Miriams Busen einer genaueren Inspektion unterziehen, aber das ist hier ja kein Wunschkonzert. Und eigentlich will ich auch gar keiner fremden Frau an den Busen langen. (Da freut sich die Freundin sicherlich, wenn sie das liest.)

Bevor ich Dörte mitteilen kann, dass ich lieber auf die Untersuchung der Brüste verzichte, hat sie energisch meine

Hand genommen und mit den Worten »nur keine Scheu« auf ihre rechte Brust gelegt. »Fühlt sich komisch an, oder?«, will sie von mir wissen. Was ist in dieser Situation wohl die korrekte Antwort? Unter normalen Umständen möchte eine Frau sicherlich nicht hören, dass sich ihre Brust komisch anfühlt. Hier im PEKiP-Kurs scheine ich mich aber in einer Art Paralleluniversum zu befinden, in dem die Kategorien »normal« und »unnormal« nicht gelten. Zögerlich murmle ich etwas Undefinierbares, und Dörte gibt sich glücklicherweise damit zufrieden.

Kurze Zeit später singen wir ein Abschlusslied, und es wird wieder gruppengeklatscht, dass Karl Moik seine wahre Freude hätte. Beim Anziehen der Kinder erklärt Dörte, sie müsse dringend los, denn sie sei noch zum Plazenta-Essen verabredet. Ich frage mich gerade, ob sie das jetzt wirklich gesagt hat, aber da erzählt Dörte schon, ihre Schwester habe letzte Woche ihr drittes Kind entbunden, und das gemeinsame Verspeisen der Plazenta sei ein total schönes Erlebnis. Zu meiner großen Überraschung bin ich der Einzige, den diese Information irritiert. Ganz im Gegenteil entspannt sich jetzt unter den Frauen ein angeregter Austausch über die schmackhaftesten Plazenta-Rezepte und die besten Würzmischungen für eine Plazenta-Bolognese. Müsste ich den PEKiP-Kurs mit einem Song beschreiben, wäre es »Insane in the brain« von Cypress Hill. Aber vielleicht bin ich hier ja auch gar nicht der einzig Normale unter lauter Verrückten, sondern der Verrückte unter den Normalen.

Zum Abschied streichelt mir Dörte übers Gesicht und sagt: »Das hast du wirklich ganz, ganz toll gemacht.« Ich komme mir vor wie ein Zweijähriger, der gelobt wird, weil er das erste Mal ins Töpfchen gepullert hat.

Beim Abendessen will die Freundin wissen, wie die erste PEKiP-Stunde war. Treuherzig erkläre ich, dass eine Mutter ihre Brust ausgepackt hat und ich sie anfassen sollte. Die Freundin schaut mich irritiert an. »Und hast du?«, fragt sie. »Es wäre unhöflich gewesen, es nicht zu tun«, erwidere ich. Die Freundin zieht die rechte Augenbraue hoch. Wahrscheinlich ist sie der Meinung, dass ich doch nicht so viel Kontakt zu anderen Eltern brauche.

Kapitel 4
Is was, Doc?

»Cenk, nicht mit dem Affen kuscheln!« Es ist Mittwochvormittag, kurz nach zwölf, und ich sitze gemeinsam mit der
Tochter beim Kinderarzt, wo sie heute ihre U4-Untersuchung
hat. Die Mutter neben mir versucht gerade verzweifelt, ihren
knapp dreijährigen Sohn davon abzuhalten, einen riesigen
Stoffgorilla abzulecken, den er sich aus der Spielzeugkiste in
der Ecke des Wartezimmers geholt hat. In dem räudigen Fell
des Plüsch-King-Kongs stecken wahrscheinlich so viele Bakterien und Viren, dass er einen Verstoß gegen die UN-Bio-
waffenkonvention darstellt. Falls Cenk nicht schon vorher
krank war, ist er es jetzt. Damit er den Affen wenigstens nicht
küsst, steckt ihm seine Mutter einen Schnuller in den Mund.

Die Tochter und ich warten schon seit mehr als zweiein-
halb Stunden. Das Wartezimmer ist proppenvoll. Unser Kiez
ist wohl nicht für die demografischen Probleme Deutschlands
verantwortlich. Die Geräuschkulisse des Wartezimmers besteht aus Kinderlärm, angereichert durch schniefende Rotznasen, infektiöses Niesen und den rasselnden Husten eines
kleinen Mädchens, das wie eine Mischung aus offener Tuber-
kulose und 30 Jahren Arbeit im Bergbau klingt. Nach einem
Aufenthalt beim Kinderarzt stirbst du entweder an Ebola,
oder du bist dein Leben lang gegen sämtliche bekannte und
unbekannte Krankheitserreger immunisiert.

Zum Glück ist die Tochter erst vier Monate alt und interessiert sich noch nicht für das verkeimte Spielzeug im Wartezimmer. Oder für die Bücher, bei denen mindestens jede dritte Seite eingerissen ist oder komplett fehlt, während die restlichen Seiten durch einen mehrmaligen Befeuchtungs- und Trocknungsprozess gewellt sind und man nur hoffen kann, dass die Feuchtigkeitsquelle eine übergeschwappte Wassertrinkflasche war.

Mir gegenüber sitzt eine hochschwangere Mutter, die bemüht ist, ihre knapp zweijährige Tochter namens Lisa-Marie für eine Bio-Reiswaffel zu begeistern. Aber die kleine Lisa-Marie kann sich dafür ebenso wenig erwärmen wie für das Alternativangebot eines selbst gebackenen veganen Müslikekses. Das spricht für die kulinarische Kompetenz der Kleinen, denn wer isst schon gerne gepresstes Vogelfutter oder getrockneten Bauschaum.

Lisa-Marie geht stattdessen zu Cenk, nimmt ihm seinen Schnuller weg und stopft ihn sich in den Mund. Ihre Mutter beginnt zu hyperventilieren und steht kurz vor einer spontanen Sturzgeburt. Cenk ist zufrieden und knutscht seinen Affen ab.

Unterdessen fängt die Tochter auf meinem Arm an zu quengeln und zu nölen. Sie hat Hunger, und lange werde ich sie nicht mehr hinhalten können. Eigentlich wollte ich ihr kein Fläschchen in der Kinderarztpraxis geben. Man würde sein eigenes Mittagessen ja auch nicht in einem Labor des Max-Planck-Instituts für Infektionsbiologie einnehmen.

Nachdem Lisa-Marie widerwillig Cenks Schnuller wieder rausgerückt hat, kommt sie zu uns und schaut sich interessiert die Tochter an. »Baby?«, fragt sie im altersgerechten Ein-Wort-Satz. »Ja, ein Baby«, erwidere ich im altersgerechten Drei-Wort-Satz. Um zu überprüfen, ob ich sie nicht doch angelogen habe und es sich um eine Puppe handelt, kneift Lisa-Marie der Tochter ins Gesicht. »Keine Angst, die will nur spielen«, ruft die Mutter durch das Wartezimmer. Ich will gerade eine Diskussion über Leinen- und Maulkorbzwang für Zweijährige anzetteln, als die Tochter die Sache selbst in die Hand nimmt. Sie fuchtelt wild mit ihren Ärmchen und verpasst Lisa-Marie in bester Rocky-Manier einen ordentlichen Schwinger gegen das Kinn. Lisa-Maries Mutter kann der feinmotorischen Meisterleistung der Tochter aber nichts abgewinnen, sondern ereifert sich darüber, dass ihr kleiner Engel geschlagen wurde. Lisa-Marie rennt heulend zu ihrer Mutter. Dass ich den linken Arm der Tochter in die Höhe reiße und dabei rufe »Sieg durch technischen K.O.«, trägt nicht zur Deeskalation der Situation bei. Glücklicherweise ruft die Sprechstundenhilfe in diesem Augenblick unseren Namen auf und schickt uns in eins der Untersuchungszimmer.

Im Behandlungszimmer müssen die Tochter und ich erst mal wieder warten. Gemeinsam schauen wir uns die Kinderzeichnungen an der Wand an. Es gibt wohl keinen Berufsstand, der niedrigere Dekorationskosten hat, als Kinderärzte. Die müssen sich keine teuren Gemälde kaufen, sondern lassen sich ihre Bilder einfach von den Patienten malen. Mit übermäßig viel künstlerischem Talent ist der Patientenstamm der Praxis aber nicht gesegnet. Die Wand sieht aus wie die Ahnengalerie einer derangierten Kopffüßlerfamilie. Alle Figuren haben große Köpfe, unverhältnismäßig lange Extremitäten, riesige Augen und keinen Bauch. Außerdem ist die Linienführung eher krakelig, und wenn mit Filzstiften gearbeitet wurde, sind die Farben ziemlich verschmiert.

Nur ein Bild sticht hervor. Es zeigt eine Familie mit Vater, Mutter, Kind, die alle anatomisch und proportional korrekt dargestellt sind. Sie stehen neben einem akkurat geraden Haus mit bunter Tür und blau angemalten Fenstern. Im Garten befindet sich ein großer Baum mit grünen Blättern und roten Äpfeln, und den Himmel zieren einige Schäfchenwolken. Ich tippe auf das Werk überhilfsbereiter Eltern.

So wie meine Mutter, die meinen Bruder in der Grundschule unterstützen wollte, als er im Handarbeitsunterricht stricken musste. Beim nächsten Elternabend nahm die Lehrerin meine Mutter zur Seite und erklärte, der Schal wäre etwas ungleichmäßig gestrickt, aber sie habe einfach nur die Abschnitte meines Bruders bewertet, damit er eine bessere Note bekommt.

Die Sprechstundenhilfe kommt jetzt rein, um die Tochter zu messen und zu wiegen. Die Tochter ist 63 Zentimeter groß und damit seit der letzten Untersuchung vor zehn Wochen um stattliche acht Zentimeter gewachsen. Vielleicht ist die Sprechstundenhilfe in der Zwischenzeit aber auch einfach regelmäßig ins Fitnessstudio gegangen, sodass sie jetzt mehr Kraft hat, um beim Messvorgang die Beine der Tochter weiter in die Länge zu ziehen.

Anschließend sollen wir weiter auf den Kinderarzt warten. Müsste ich unseren Kinderarztbesuch mit einem Song beschreiben, wäre es »Waiting for the end of the world« von Elvis Costello. Ob wir wohl jemals wieder hier rauskommen? Und wird mir mein Chef erlauben, nach dem Ende der Elternzeit von der Kinderarztpraxis aus zu arbeiten? Und wird der Kinderarzt wohl so freundlich sein, uns Räumlichkeiten für die Einschulungsfeierlichkeiten der Tochter zur Verfügung zu stellen? Und wie kann ich per Handy veranlassen, dass mir mein Rentenbescheid in die Praxis zugestellt wird?

Lauter wirre Fragen, die darauf hindeuten, dass ich unterzuckert bin. Zum Frühstück habe ich nur einen Kaffee getrunken und seither nichts mehr zu mir genommen. Ich könnte den Rest Muttermilch aus der Flasche der Tochter trinken. Die ist ja fett und nahrhaft. Trotzdem entscheide ich mich dagegen. Nicht aus geschmacklichen Gründen, sondern weil ich befürchte, der Kinderarzt könne just in dem Moment reinkommen, wenn ich die Flasche ansetze. Als Muttermilch trinkender Vater macht man sicherlich nicht den besten Eindruck.

Gut dreißig Minuten später betritt dann tatsächlich der Kinderarzt das Zimmer. Ein Anfang fünfzigjähriger Mann, groß gewachsen und mit kurzem grauen Haar. Hinter seiner Nickelbrille blitzen fröhliche Augen hervor. Mit kräftigem

Händedruck begrüßt er mich und stellt sich als Dr. Godow vor. Er macht auf mich einen sympathischen, vertrauenerweckenden Eindruck.

Die Tochter kommt allerdings zu einer weniger wohlwollenden Einschätzung seines Charakters. Als er sich ihr nähert, fängt sie an, lautstark zu brüllen. Ich finde, das spricht für eine überdurchschnittliche Sozialkompetenz. Gegenüber fremden Menschen, deren Absichten unklar sind, ist Misstrauen immer angebracht und lautes Brüllen eine adäquate Reaktion. In der U-Bahn würde ich das auch gerne machen.

Der Kinderarzt lässt sich von dem Gebrüll nicht aus der Ruhe bringen und beginnt mit der Untersuchung der Tochter. Zunächst kontrolliert er Finger, Arme und Beine und freut sich, dass alles in der gewünschten Zahl vorhanden ist und sich an den richtigen Stellen in die richtige Richtung bewegen lässt. Die Tochter brüllt.

Nun tastet Dr. Godow auf ihrem Bauch rum. Die Organe sind ebenfalls alle in der gewünschten Zahl da und befinden sich auch an den richtigen Stellen. Die Tochter brüllt weiter.

Anschließend überprüft der Kinderarzt das Seh- und Hörvermögen der Tochter. Dazu schnipst er laut neben ihrem Ohr. Sie scheint gut zu hören und schaut wütend in Richtung seiner schnipsenden Finger. Sie ist empört über die respektlose Übergriffigkeit von Dr. Godow und brüllt noch ein wenig lauter. Der Kinderarzt bittet die Sprechstundenhilfe um ein paar Vlieskompressen. Ich wundere mich, was er damit wohl verbinden will. Er steckt sie sich in die Ohren.

Ich erkläre, Lunge und Stimmbänder müsse er wohl nicht untersuchen, das höre man ja, dass die 1a funktionieren. Dr. Godow lächelt gequält. Die Tochter brüllt dazu.

Der Kinderarzt macht ein paar Notizen in dem gelben Untersuchungsheft der Tochter. »Wir sollten uns heute über das Thema Impfen unterhalten«, erklärt er, während er sich ein wenig Schweiß von der Stirn tupft. Er muss ziemlich laut reden, um das Brüllen der Tochter zu übertönen. Sein linkes Auge zuckt ein wenig.

Nachdem Dr. Godow mich aufgeklärt hat, gegen was die Tochter alles geimpft werden sollte, willige ich in die Impfung ein. Weil ich es nicht bin, der die Spritze bekommt, fällt mir die Entscheidung relativ leicht. Die Tochter scheint Einwände zu haben. Ihr Brüllen ist inzwischen so laut, dass ein bengalischer Tiger dagegen wie eine fiepende Feldmaus anmutet. Inzwischen würde ich den Kinderarztbesuch eher mit dem Song »Twist and Shout« von den Beatles beschreiben.

Die Sprechstundenhilfe, die sich inzwischen zwei Augenpflaster über die Ohren geklebt hat, zieht eine Ampulle mit dem Serum auf und reicht die Spritze an den Kinderarzt. Der desinfiziert den Oberschenkel der Tochter. Diese quittiert die Kälte und Feuchtigkeit des Desinfektionsmittels mit noch lauterem Brüllen. Dr. Godow, dessen Augenlider mittlerweile schneller wedeln als die Flügel eines hyperaktiven Kolibris, sticht blitzschnell mit der Spritze in die desinfizierte Stelle. Die Tochter unterbricht kurz ihr Geschrei und schaut Dr. Godow entrüstet an, als könne sie nicht glauben, dass er sie gerade tatsächlich mit einer Nadel gestochen hat. Dann setzt sie zu einem Brüllen an, gegen das ein Manowar-Konzert als Besuch im »Raum der Stille« gelten kann.

An dieser Stelle sei zur Ehrenrettung der Tochter erwähnt, dass ihr ablehnendes Verhalten gegenüber Dr. Godow im Allgemeinen und gegenüber dem Impfen im Besonderen unter Umständen genetisch vererbt wurde. Und zwar von mir.

Meine Mutter erzählt zu jeder passenden und vor allem unpassenden Gelegenheit, wie ich mich früher beim Kinderarzt aufführte. Wenn man den Ausführungen meiner Mutter Glauben schenken möchte – und ich denke, hier ist durchaus Skepsis angebracht –, brüllte ich bis zu meinem sechsten Lebensjahr bei jedem Kinderarztbesuch die Praxis derart zusammen, dass zu befürchten war, dass die Fensterscheiben zerspringen. Zu meiner Verteidigung möchte ich aber darauf hinweisen, dass mein Kinderarzt fast zwei Meter groß war, gut drei Zentner wog und einen Rauschebart im Gesicht trug, der so buschig war, dass es mich nicht gewundert hätte, wenn dort irgendwann eine unbekannte Pygmäen-Zivilisation entdeckt worden wäre. Er sah ein bisschen aus wie eine Mischung aus Räuber Hotzenplotz und Bud Spencer.

Heute klingt das sehr lustig, aber wenn man nur einen guten Meter groß ist, dann ist so eine Gestalt ziemlich furchteinflößend. Wegen meiner Brüllerei hat mir der Kinderarzt zwar nicht wie Bud Spencer mit der Faust auf die Rübe gehauen, aber aus der Belohnungskiste mit den Plastikfiguren, aus der sich die Kinder nach der Untersuchung etwas aussuchen durften, bekam ich immer nur einen Esel. Der Löwe war dagegen den tapferen, nicht schreienden Kindern vorbehalten. Als ich dann mit sieben das erste Mal beim Impfen mutig war und nicht heulte, gab es keinen Löwen mehr in der Kiste, und ich wurde mit einem doofen Hund abgespeist. Das habe ich meinem Kinderarzt bis jetzt nicht verziehen.

Während die Tochter immer noch wütend schreit, überlege ich, ob es heute noch üblich ist, beim Kinderarzt Plastiktiere zu verteilen, und ob ich so vielleicht mit 25 Jahren Verspätung doch noch zu meinem Löwen komme. Dr. Godow macht aber keine Anstalten, mir irgendwelches Spielzeug anzubieten. Nicht einmal einen Schnaps. Stattdessen brüllt er mir ins Ohr, die Untersuchung sei beendet und ich könne die Tochter wieder anziehen. Er wirkt ein wenig erschöpft.

Als die Tochter wieder bekleidet ist, begleitet uns Dr. Godow zum Empfang. »Bitte legen Sie den nächsten Untersuchungstermin der Kleinen auf Anfang Juli«, erklärt er der Sprechstundenhilfe. »Aber da sind Sie doch im Urlaub«, wendet diese ein. »Genau. Dann kann Frau Dr. Meiderstadt das übernehmen!«

Kapitel 5
Das große Füttern

»Ich bin doch nicht die Melkkuh der Nation«, stöhnt die Freundin. Es ist Samstagfrüh, 4 Uhr, die Tochter liegt an der Brust der Freundin und trinkt gierig. Schon zum vierten Mal diese Nacht. Entsprechend entnervt ist die Freundin.

Ich finde ihre Aussage etwas unpräzise, denn genau genommen ist sie ja allenfalls die Melkkuh der Familie. Die Uhrzeit lässt es mir aber als wenig ratsam erscheinen, sie diesbezüglich zu korrigieren. Außerdem gibt es Themen, bei denen es als Mann eher unangebracht ist, sich zu äußern. Zum Beispiel zu den Unannehmlichkeiten des Stillens. (»Keine Brüste, keine Meinung!«)

Stattdessen schlage ich vor, wir könnten ja mit der Beikost anfangen, damit die Freundin allmählich abstillen kann. Sie ist begeistert, die Tochter dagegen setzt die Brust kurz ab und stößt ein unartikuliertes Grunzen aus. Da wir immer noch Schwierigkeiten haben, die Lautäußerungen der Tochter zu deuten, könnte dies heißen, dass sie entweder ihre Zustimmung zu unserem Plan gibt oder wir verdammt noch mal die Klappe halten sollen, damit sie in Ruhe essen kann. Da die Tochter aber zu klein ist, um an basisdemokratischen Familienentscheidungen mitzuwirken, ignorieren wir sie und beschließen mitten in der Nacht, Beikost einzuführen. Die Detailabsprachen vertagen wir auf den Vormittag.

Ein paar Stunden und zwei Stillsitzungen später sitzen wir beim Frühstück. Die Freundin schlägt vor, wir sollten die Breie für die Tochter selbst kochen. »Dann wissen wir wenigstens, was da drin ist.« Ich schmiere mir gerade ein Brötchen mit Nutella, von der ich auf keinen Fall wissen will, »was drin ist«.

»Am besten dampfgaren wir, da bleiben die Vitamine erhalten«, fährt die Freundin fort. »Aldi hat auch gerade Dampfgarer im Angebot.« Ich gebe zu bedenken, dass der Dampfgarer wahrscheinlich genauso oft zum Einsatz käme wie die Nudelmaschine, der Entsafter und der Brotbackautomat, die allesamt im Keller in unserem »Friedhof der Küchengeräte« ruhen.

Ohnehin bin ich eher zurückhaltend, was die Idee angeht, die Babybreie selbst zu kochen. Da ich während der Elternzeit zu Hause bin, wäre das meine Aufgabe. Da bliebe dann, während die Tochter schläft, gar keine Zeit mehr, um mich um den Haushalt zu kümmern. Und um alle Folgen von »Raumschiff Enterprise – The Next Generation« auf Netflix zu schauen. (Ich bin erst bei Staffel 2 und habe bis zum Ende der Elternzeit noch 141 Folgen vor mir.)

Außerdem bin ich ein lausiger Koch. Fürs Kochen ist bei uns die Freundin zuständig, ich dagegen fürs Backen. Da ich auch nach einer ausführlichen Google-Recherche keine ernährungswissenschaftlichen Artikel finde, dass die Essenseingewöhnung von Babys bedenkenlos mit Käsekuchen durchgeführt werden kann, überzeuge ich die Freundin, dass wir vielleicht erst mal mit einem gekauften Brei anfangen und dann weitersehen.

Nach dem Frühstück gehe ich in den örtlichen Drogeriemarkt, wo gefühlt 28 Regalmeter mit Babynahrung stehen. Und ich muss nun entscheiden, welches der erste Brei sein soll, den wir der Tochter servieren. Das ist gar nicht so einfach, denn es gibt Babybreie in jeglichen vorstellbaren und vor allem unvorstellbaren Geschmacksrichtungen: von Mininudeln mit Seefisch in Rahmbroccoli über Baby-Paella bis hin zu Ratatouille mit Pasta und Lamm. Es fehlt nur noch Angus Filet Mignon auf einem Spiegel von Paprikasugo an Stampf aus Erdäpfeln.

Das scheint mir doch alles ein wenig extravagant zu sein. Da erblicke ich ein Gläschen mit Spätzle und Käsesauce. Klingt eigentlich ganz lecker, sieht aber nicht lecker aus. Die Farbe des Breis ist leicht gräulich und erinnert mich an Spachtelmasse zum Ausbessern von Bohrlöchern. Außerdem ist er erst für Babys ab zehn Monate und scheidet damit für die Tochter aus.

Im Regalbrett darüber steht ein Gläschen mit einer Apfel-Birne-Spinat-Kombination, die irritierenderweise als »Brei der Woche« beworben wird. Wer kommt auf die Idee, so etwas zusammenzumischen? Und gibt es tatsächlich Eltern, die ihre Kinder so wenig mögen, dass sie ihnen das verfüttern? Da sagt man ja mit jedem Löffel, den man in das Baby schiebt: »Hey, du warst nicht geplant, aber das Kondom war undicht, also erwarte jetzt nicht, dass wir dir exquisite Mahlzeiten aus biologisch wertvollen Zutaten kredenzen, sondern gib dich gefälligst mit diesem Zeug hier zufrieden.«

Ich suche weiter nach einem geeigneten Brei, mit dem wir nicht Gefahr laufen, ein frühkindliches Essenstrauma bei der Tochter hervorzurufen. Warum gibt es denn keine in Gläschen abgefüllte Pizza Margherita? Eine Idee, deren Umsetzung großen Reichtum verspricht, sodass wir einen Sternekoch engagieren könnten, der jeden Tag erlesene Breie für unser Kind zubereitet.

Schließlich entscheide ich mich für einen Frühkarottenbrei, der durch eine ansprechende orange Farbe besticht und vom Hersteller sehr überzeugend als besonders bekömmlich für Babys erste Nahrung angepriesen wird. Außerdem verspricht ein großes Siegel auf dem Etikett, dass alle Zutaten von höchster Qualität sind, wofür Herr Dr. Hipp sogar mit seinem Namen bürgt. Kürzlich habe ich auch in der Werbung gesehen, wie er gemeinsam mit seinem Sohn auf einem Feld Karotten begutachtet. Ich kann also davon ausgehen, dass Dr. Hipp die Möhren für das Gläschen, das ich in der Hand halte, höchstpersönlich ausgesucht hat. Nichts weniger verlange ich von der ersten Beikost-Mahlzeit für unsere Tochter.

Als ich wieder zu Hause bin, entspannt sich eine kurze, aber leidenschaftliche Diskussion zwischen der Freundin und mir, wem von uns beiden die Ehre der ersten Fütterung unserer Tochter gebührt. Die Freundin spielt die Entbindungskarte und erklärt, sie habe 48 Stunden lang Wehen ertragen müssen, da stünde zweifellos ihr dieses Privileg zu. Ich entgegne, ich hätte während dieser 48 Stunden nichts essen dürfen, sodass es nur konsequent wäre, wenn ich die Tochter fütterte, damit sie nicht gleichermaßen hungern müsste. Die Freundin findet das wenig überzeugend. Zumindest schließe ich das aus ihrer linken in die Höhe gezogenen Augenbraue.

Da wir argumentativ nicht weiterkommen, schlage ich vor, dass wir auf das weltweit anerkannte Mittel der Entscheidungsfindung zurückgreifen: Schnick-Schnack-Schnuck. Die Freundin ist einverstanden, bereut es aber, nachdem sie sich für Schere entschieden hat und gegen den von mir gewählten Stein unterliegt. Meinen Triumph mit der angemessenen Bescheidenheit zelebrierend, moonwalke ich rückwärts in die Küche. Die Freundin knurrt einige klingonische Flüche.

Nachdem ich das Gläschen vorschriftsmäßig im schonenden Wasserdampf erhitzt habe, überprüfe ich die Temperatur, indem ich ein wenig von dem Brei koste. Geschmacklich ist er eher »neutral«. Wie das Essen meiner Großmutter, die in ihren letzten Lebensjahren beim Kochen fast gänzlich auf die Zugabe von Salz verzichtete, weil es für ihr Herz nicht gut sei. Somit sollte keine Gefahr bestehen, dass die Tochter nach dem Verzehr der faden Frühkarotte unter Bluthochdruck leidet.

Ich fülle den aufgewärmten Brei in ein Schälchen um und begebe mich ins Wohnzimmer, wo die Tochter erwartungsfroh auf dem Schoß der Freundin sitzt und bereit für die erste Breimahlzeit ihres Lebens ist. Ich führe den Löffel an den Mund der Tochter, den sie bereitwillig und neugierig öffnet. Vorsichtig schmatzt sie auf dem Brei herum, und ihre weit aufgerissenen Augen deuten darauf hin, dass ihr kleines Gehirn auf Hochtouren läuft, um diese neue geschmackliche Erfahrung einzuordnen. Nach einigem Überlegen kommt sie zu dem Schluss, dass pürierte Frühkarotte kulinarische Kreisliga ist. Damit bei uns diesbezüglich keine Missverständnisse aufkommen, öffnet sie den Mund und spuckt den orangen Brei auf ihr Lätzchen. Quasi die »Ich gebe einen lieb gemeinten Punkt«-Wertung beim »Perfekten Dinner«. (»Die Gastgeber sind ganz okay, aber das Essen ist scheiße.«)

So leicht lasse ich mich aber nicht entmutigen und halte ihr den nächsten Löffel hin. Die Tochter presst die Lippen fest zusammen und denkt gar nicht daran, noch einmal von dem Brei zu kosten. Ich rede ihr gut zu und lüge schamlos, der Brei schmecke ganz vorzüglich und sie möge den Mund öffnen, um sich selbst davon zu überzeugen. Wörtlich sage ich: »Machst du schnappi schnappi, gibt es lecker Happi Happi.« Die Freundin schaut mich entgeistert an und erklärt, ich solle unverzüglich mit dieser idiotischen Kleinkindsprache aufhören, sonst gäbe es auf die »Klappi Klappi«. Anscheinend ist sie immer noch ein wenig verstimmt, dass sie beim Schnick-Schnack-Schnuck verloren hat.

Ich lasse derweil nichts unversucht und kreise mit dem Löffel vor dem Gesicht der Tochter herum, wobei ich nahezu

48

lebensecht Propellergeräusche imitiere. Die Tochter ist wenig beeindruckt von dem erlebnisgastronomischen Spektakel, das ich ihr biete, und bringt dies zum Ausdruck, indem sie mit einer flinken Bewegung den Löffelhubschrauber zum Absturz bringt. Das findet sie sehr lustig und lacht fröhlich.

Nun fange ich an, etwas von einem Löffelchen für Mama und einem für Papa zu faseln. Die Tochter schaut mich teilnahmslos an und macht keinerlei Anstalten, den Mund zu öffnen. Scheinbar ist es ihr vollkommen wumpe, dass sie damit ihre Eltern in den Hungertod treibt. Undankbare Brut!

Jetzt greife ich zu einer List. Ich täusche vor, den Brei selbst zu probieren, und stoße in Jubelstürme aus, als hätte ihn der wiederauferstandene Paul Bocuse höchstpersönlich zubereitet. Die Tochter ist zwar noch klein und bekommt außer Schlafen, Trinken und Verdauen nicht besonders viel auf die Reihe, aber doof ist sie deswegen noch lange nicht. Sie lässt sich von meinem Laienschauspiel nicht hinters Licht führen und setzt ihren Hungerstreik fort.

Weil abgesehen von dem ersten Löffel noch kein Brei in der Tochter gelandet ist und der außerdem größtenteils retour ging, verkündet die Freundin, dass sie jetzt übernimmt. Also nehme ich jetzt die Tochter auf den Schoß, und die Freundin versucht ihr Glück. Sie stupst mit dem Löffel den zusammengepressten Mund der Tochter an, aber die zeigt an dem Brei noch weniger Interesse als damals Eva aus der 10b an mir. Müsste ich die erste Breimahlzeit der Tochter mit einem Song beschreiben, wäre es »Ich hab ka Lust« von Georg Kreisler.

Dann geht es auf einmal blitzschnell: Die Tochter, die sonst motorisch daran scheitert, auch nur irgendeinen Gegenstand selbstständig zu ergreifen, packt plötzlich mit einer für das menschliche Auge kaum wahrnehmbaren Geschwindigkeit die Breischale mit ihren beiden Händchen und umklammert sie fest wie ein Zecher das letzte Bier kurz vor Kneipenschluss. Die Tochter lässt die Schale erst los, als sie merkt, dass der Brei warm ist. Unverzüglich stimmt sie ein anklagendes Weinen an, um ihrer Mutter mitzuteilen, sie habe ihre Aufsichtspflicht aufs Gröbste verletzt.

Erst nachdem ich die Tochter ein wenig herumgetragen habe, beruhigt sie sich. Ihre Lernkurve bezüglich unangenehmer Essenstemperaturen verläuft aber ziemlich flach, und sie langt mit ihren Fingern direkt wieder in das Schälchen. Es folgt abermals ein Protestgeschrei, das dem Brüllen von Chewbacca nicht unähnlich ist. Zu meiner großen Überraschung fasst die Freundin meinen freundlichen Hinweis, sie müsse halt das Schälchen weiter wegstellen, nicht als konstruktiven Vorschlag zur Verbesserung der Fütterungssituation auf, sondern funkelt mich zornig an.

Um die Lage zu entspannen und damit sich die Tochter ablenkt, hole ich ihr aus der Küche einen eigenen Löffel. Ein spektakulärer Fehler, wie sich herausstellen soll. Kaum hält sie den Löffel in ihrer Hand, haut sie ihn zielsicher wie ein olympischer Sportschütze in die Breischale und erfreut sich an den Karottenspritzern, die auf dem Tisch landen. Angespornt durch diesen ästhetisch ansprechenden Effekt, lässt

sie den Löffel gleich noch einmal wie ein Fallbeil in die Breischale sausen und produziert diesmal Kleckse an der Wand,
wie sie selbst Jackson Pollock nicht formvollendeter hätte
kreieren können.

Es ist zwar schön, dass die Tochter über ein solch kre-
atives Talent verfügt, aber ich breche ihr Action-Painting-Ex-
periment trotzdem lieber ab. Pädagogisch voll auf der Höhe,
entreiße ich ihr den Löffel selbstverständlich nicht einfach,
sondern halte ihr geduldig einen kleinen Vortrag über die
Schwierigkeiten, Gemüseflecken von Wänden zu entfer-
nen. Der lautstarke Protest der Tochter deutet darauf hin,
dass sie mich für einen spaßbefreiten Spießer hält, dem
mehr an der Instandhaltung der Wohnung als an ihrem
Amüsement gelegen ist. Da die Tochter gerade den Mund
offen hat, nutzt die Freundin den Moment, um einen Löffel
Brei darin zu versenken. Dies trägt nicht dazu bei, die Laune
der Tochter zu heben. Sie erhöht die Lautstärke ihres Brüllens
auf »Jagdbomber beim Durchbrechen der Schallmauer«.

Nach fast zwei Stunden ist das erste Füttern vorbei. Beziehungsweise das erste »Wir verteilen Karottenbrei großflächig auf dem Tisch, an den Wänden, im Gesicht und auf den
Klamotten aller Beteiligten«. Trotzdem sind wir alle zufrieden. Die Tochter, weil das Wohnzimmer jetzt so schön bunt
ist, die Freundin und ich, weil wir uns nicht getrennt haben.

Allerdings steht in 24 Stunden das nächste Füttern an.
Daher fahre ich zum Baumarkt, um Folie zum Abkleben der

Wände zu kaufen. Die Freundin hängt derweil einen Zettel in den Hausflur: »*Liebe Nachbarn, nein, wir führen keine rituellen Schlachtungen in unserer Wohnung durch, sondern füttern lediglich unsere Tochter. Wenn es Ihnen zu laut wird, kommen Sie gerne vorbei. Wir haben Ohropax für alle!*«

Kapitel 6
Die famose Familienfeier

»Ach, du Schreck!« Es ist Dienstagabend, 19 Uhr und die Freundin legt entsetzt den Brief weg, den sie gerade gelesen hat. Ihr panischer Gesichtsausdruck lässt vermuten, dass es sich um einen Bußgeldbescheid, eine saftige Steuernachzahlung oder eine gerichtliche Vorladung handelt. »Wir sind eingeladen«, stöhnt die Freundin. »Auf den 50. Geburtstag meiner Cousine.«

Eine Familienfeier also! Nun werde ich panisch. Mit Familienfeiern halte ich es eigentlich wie mit Grippeviren, Rosenkohl und Castingshows: Ich versuche tunlichst, mich von ihnen fernzuhalten. Bevor ich irgendeinen hanebüchenen Grund vorbringen kann, warum mir eine Anwesenheit bei der Feier leider nicht möglich sein wird, hebt die Freundin warnend die linke Augenbraue und gibt mir unmissverständlich zu verstehen, meine Teilnahme sei zwingend erforderlich.

Sie erklärt, die Cousine sei ihre Patin und somit sei es für sie aus familienpolitischen Gründen nicht opportun, der Feier fernzubleiben. Darüber hinaus erwarte die Verwandtschaft, die Tochter in regelmäßigen Abständen präsentiert zu bekommen, und wenn sie da alleine hinginge, würde im Dorf getratscht, unsere Tochter müsse als Bastard ohne Vater aufwachsen. Außerdem stünde sie einen Abend alleine mit ihrer Mischpoke nicht durch. Ich füge mich also meinem Schicksal.

Auch ohne verheiratet zu sein, gibt es nun mal diese schlechten Zeiten, in denen man zueinanderstehen muss.

Die Tochter liegt derweil unterm Tisch und lutscht zufrieden an der Einladung. Aufgrund der Gnade ihres jungen Alters kennt sie das Grauen von Familienfeiern noch nicht. Das glückliche Kind!

Acht Wochen später erreichen wir nach einer sechsstündigen Bahnfahrt quer durch die Republik am frühen Nachmittag das nordhessische Dorf, in dem die Freundin aufgewachsen ist. Es zählt einige wenige hundert Einwohner. Ein nicht unerheblicher Teil davon gehört zur Verwandtschaft der Freundin.

Ihre Eltern haben nämlich insgesamt zehn Geschwister, die sich alle aufgrund des nur mäßig attraktiven Freizeitangebots im ländlichen Raum offenbar die Zeit mit exzessiver Fortpflanzung vertrieben haben. Dadurch hat die Freundin – konservativ geschätzt – rund 40 Cousinen und Cousins, die wiederum Nachwuchs in großer Zahl zeugen

Die kurze Zeit bis zum Beginn der Feierlichkeiten nutzen die Eltern der Freundin, uns mit Unmengen von Kuchen zu mästen. Die Worte »Das war sehr lecker, aber ich kann nicht mehr« haben hier die Bedeutung »Hau mir bitte noch ein großes Stück Sahnetorte drauf. Ach, was soll der Geiz. Ich nehm gleich zwei!« – Zu meiner großen Erleichterung passe ich nach dem Kuchen-Exzess noch in meine Anzughose. Wenn ich den Bauch einziehe. Und nicht atme.

Die Tochter zwängen wir in ein rosafarbenes Strick-kleid, auf dessen Brust aus mir nicht nachvollziehbaren Gründen ein gelber Hase mit einer grünen Katze tanzt. Nor-malerweise würden wir dem armen Kind niemals ein solch schauderhaftes Kleidungsstück anziehen. Bei dem Stoff ge-wordenen Verbrechen gegen den guten Geschmack handelt es sich aber um ein Geschenk einer Großtante mütterlicher-seits. Die hat das Kleid höchstpersönlich gestrickt, was da-rauf hindeutet, dass sie farbenblind ist. Oder beim Stricken Lösungsmittel schnüffelt.

Das Päckchen enthielt außerdem noch einen Umschlag, in dem neben einer Glückwunschkarte, die dem Kleidungs-stück in Hässlichkeit in nichts nachstand, ein 100-Euro-Schein steckte. Daraus ergibt sich eine gewisse Notwendigkeit, das Kleidchen aus der Rosahölle heute live und – leider – in Farbe zu präsentieren. Unser Plan ist es, die Tochter beim Füttern zu bekleckern und sie dann umzuziehen.

Pünktlich um 18 Uhr betreten wir die Dorfschänke, wo die Feier stattfindet. Wir schaffen es kaum, der Jubilarin zu gratulieren, als eine ältere, sehr rundliche Dame auf uns zu-stürmt. Sie widmet sich als Erstes der Tochter und kneift ihr unter lauten »Dutzidutzidu«-Rufen in die Wange. Die Toch-ter schaut wie Queen Elisabeth II., wenn sie »not amused« ist.

Danach stimmt die Dame Lobeshymnen auf das »wun-derhübsche Kleid« der Tochter an. Messerscharf schlussfol-gere ich, dass es sich um die Großtante handelt, der wir diesen textilen Albtraum in Rosa zu verdanken haben. Nachdem sie von der Tochter ablässt, stellt sie sich tatsächlich als die strickende Großtante vor. Glücklicherweise kneift sie mich zur Begrüßung nicht ebenfalls in die Wange, sondern schüttelt mir lediglich die Hand und erklärt, ich solle sie Tante Gisela nennen.

Eigentlich liegt mir nichts ferner, als eine mir fremde Frau, der ich nur aufgrund ihrer verwandtschaftlichen Bande mit meiner Freundin ausgeliefert bin, Tante zu nennen. Schließlich nenne ich nicht einmal meine eigenen Tanten Tante. Allerdings ist so eine Familienfeier auch nicht der geeignete Ort, um dogmatisch an den eigenen Prinzipien festzuhalten. Die Tochter im rosafarbenen Strickkleid bestätigt dies. Daher tue ich der Dame den Gefallen und nenne sie Tante Gisela.

An unserem Tisch sitzen außer Tante Gisela und den Eltern der Freundin bereits einige ältere Herrschaften. Durch unsere Anwesenheit drücken die Freundin, die Tochter und ich das Durchschnittsalter auf knapp unter 70 Jahre.

Während das Essen serviert wird, bitten wir den Kellner, für die Tochter den mitgebrachten Kürbis-Kartoffel-Brei zu erwärmen. Tante Gisela findet, dies sei kein angemessenes Festmahl für die Tochter, und füttert sie mit Hirschbraten, Knödeln und Rotkraut. Tochter und Tante sind gleichermaßen begeistert. Die Tochter ob des revolutionären Geschmackserlebnisses, die Tante wegen des guten Appetits des

Kindes. »Guck mal, wie's einfährt!«, ruft Tante Gisela mehrmals verzückt.

Den aufgewärmten ökologisch korrekten Kürbis-Kartoffel-Brei, den der Kellner kurze Zeit später bringt, würdigt die Tochter keines Blickes. Wie durch ein Wunder bleibt ihr Strickkleid beim Füttern vollkommen unbefleckt. Das gab es bei uns noch nie. Unsere Freude hält sich allerdings in Grenzen, denn somit ist unser Klamottenwechsel-Plan gescheitert.

Die Freundin versucht inzwischen, Tante Gisela zu erklären, dass die Tochter erst seit zwei Monaten Brei äße und erst nach und nach an normales Essen herangeführt werden soll. Tante Gisela lässt diese Bedenkenträgerei allerdings kalt, sie ruft den Kellner herbei, damit er für die Tochter ein Schokoladeneis mit extra Sahne bringt. Ich überlege kurz, diesem kulinarischen Amoklauf Einhalt zu gebieten, erkenne aber resigniert die Aussichtslosigkeit der Lage. Stattdessen bestelle ich mir einen Schnaps.

Zu meiner Linken sitzt ein älterer Mann, dessen Alter schwer zu schätzen ist. Wahrscheinlich irgendwo im dreistelligen Bereich. Es handelt sich um einen Großonkel zweiten Grades namens Hubertus. Er sieht aus wie der ältere Bruder der Schildkröte Morla aus der »Unendlichen Geschichte«. Nur dass er eine altmodische Hornbrille trägt, für die jeder Hipster töten würde, um in ihren Besitz zu gelangen. Lediglich die flaschenbodendicken Gläser schmälern den Coolness-Faktor ein wenig. Die Brille ist aber immer noch nicht stark genug, denn er schneidet mit seinem Besteck an der Blumendeko herum und beschwert sich dann lautstark darüber, dass der Salat schlecht gewürzt sei.

Aufgrund meiner eigenen Brille und meiner schweigsamen Art hält er mich anscheinend für gebildet. Er beugt sich zu mir über den Tisch und fragt, ob ich nicht letzte Woche bei Günther Jauch bei »Wer wird Millionär« gewesen sei. Ich verneine höflich. »Aber da war doch dieser Student, der 500.000 Euro gewonnen hat«, lässt der Greis nicht locker. »Sie verwechseln mich«, erkläre ich. »Ich studiere gar nicht mehr.« »Der junge Mann hatte aber auch eine Brille und die gleiche Frisur, und er trug ebenfalls ein Hemd«, erklärt Onkel Hubertus energisch. Ich entgegne, ich besäße kein Monopol auf das Tragen von Brillen und Hemden. »Sind Sie sich wirklich sicher?«, bohrt der zweitgradige Großonkel nach. »Hundertprozentig«, antworte ich. »Hätte ich letzte Woche eine halbe Million Euro gewonnen, säße ich heute nicht hier, sondern hätte mir eine neue Familie gekauft.«

Niemand der krummbuckligen Verwandtschaft scheint meinen Humor zu teilen, und ich bin der Einzige, der über meinen Scherz lacht. Ich bestellte mir noch einen Schnaps.

Während ich versuche, der Unterhaltung am Tisch zu folgen, die sich um den neuesten Dorfklatsch dreht, beäugt mich ein älterer Mann kritisch. »Kein Blickkontakt mit Onkel Otto!«, raunt die Freundin warnend. »Warum?«, will ich flüsternd wissen, aber da ist es schon zu spät.

Onkel Otto stellt sich vor, und bevor ich meinen Namen nennen kann, fängt er übergangslos an, von seinen verschiedenen und sehr zahlreichen Krankheiten zu erzählen. Anscheinend haben sie alle mit seinem empfindlichen Magen und seinem nervösen Darm zu tun. Zum Abschluss seines zehnminütigen Monologs lässt er mich wissen, dass er keinen Rotkohl essen könne, ohne danach die ganze Nacht auf dem Klo zu verbringen. »Das läuft wie die Niagarafälle«, ruft er über den Tisch. »Nur schneller! Und mehr!«

Onkel Ottos anschauliche Metaphern wirken nicht gerade appetitanregend. Aus Solidarität verzichte ich auf den Niagara-Rotkohl. Den Rest des Hirschbratens und der Knödel lasse ich auch abräumen. Wo der Kellner schon einmal da ist, ordere ich einen weiteren Schnaps. Sicherheitshalber gleich einen doppelten.

Ich hoffe, mit den proktologischen Ausführungen Onkel Ottos ist der Tiefpunkt der Feier erreicht. Ein grandioser Irrtum. Kurz danach betritt eine skurrile Gestalt die Bühne des Festsaals. Sie ist sehr dürr und trägt ein Hawaiihemd, das nicht mal modern war, als »Magnum« noch im Fernsehen lief. Sein schütteres Haar hat er mit einer nicht mehr als handelsüblich zu bezeichnenden Menge Pomade über seine Glatze gekämmt. Er macht sich an einem Keyboard zu schaffen, an dem ein Schild mit der Aufschrift »Der heiße Heinrich heizt jeder Fete ein!« hängt. Ein Spruch, den man sich nur erlauben kann, wenn man im Umkreis von 150 Kilometern der einzige Mensch mit Keyboard und Rhythmus-CD ist. Nachdem der heiße Heinrich Instrument und Verstärker zum Laufen gebracht hat, greift er sich das Mikrofon und verspricht ein Feuerwerk der besten Hits von gestern, heute und morgen. Sich selbst Lügen strafend haut er in die Tasten und gibt ein Lied der »Flippers« zum Besten. Sofort stürmen große Teile der Festgesellschaft Richtung Bühne. Zu meinem großen Erstaunen jedoch nicht, um den Alleinunterhalter mit Knüppeln und Dreschflegeln aus dem Saal zu jagen, sondern um enthusiastisch das Tanzbein zu schwingen.

Die Tochter findet ebenfalls Gefallen an dieser dem Acid Jazz entlehnten Interpretation der Flipperschen »Lotosblume« und krabbelt fröhlich quietschend durch die tanzwütigen Paare. Wie durch ein Wunder tritt niemand auf sie drauf, und auch sie bringt niemanden zu Fall.

Gerade als ich das Töchterlein vor den eskalierenden nordhessischen Fred Astairs und Ginger Rogers in Sicherheit bringen will, steht plötzlich Tante Gisela vor mir. Mit den Worten »Tanzt man in der großen Stadt etwa nicht?« zerrt sie mich am Arm auf die Tanzfläche. Da sie ungefähr einen Zentner mehr wiegt als ich, ist jeder Widerstand zwecklos.

Schlimmste Erinnerungen an demütigende Momente in der Tanzschule, die ich dankenswerterweise tief in meinem Unterbewusstsein vergraben hatte, erscheinen vor meinem geistigen Auge. Als spätentwickelter 14-jähriger Knabe musste ich damals unter dem Gejohle meiner Klassenkameraden mit der 70-jährigen Leiterin der Tanzschule Tangoschritte vorführen. Danach fand ich, Tanzen sei doch eher überbewertet, und blieb dem Unterricht fern. Dennoch hielt sich bis zum Abitur hartnäckig mein Spitzname »Witwentröster«.

Mechanisch wie ein Roboter mit Funktionsstörung tanze ich Discofox mit Tante Gisela. Die hält nichts von der gesellschaftlichen Konvention, dass der Mann zu führen habe, sondern gibt energisch Takt, Geschwindigkeit und – ohne Rücksicht auf andere Paare – die Richtung vor. Auch hier beuge ich mich ihrem Gewichtsvorteil. Nach zwanzig quälend langen Minuten und unzähligen Tänzen fühle ich nichts mehr. Müsste ich die Familienfeier mit einem Lied beschreiben, wäre es »What have I done to deserve this« von den Pet Shop Boys.

Glücklicherweise erlöst mich die Tochter kurz danach aus der Tanzhölle, indem sie den Stecker des Keyboards zieht. Tränen der Dankbarkeit laufen über meine Wangen. Ich kehre an unseren Tisch zurück, wo mich die Freundin mit einem neuen Schnaps in Empfang nimmt. Ich stürze ihn in der Hoffnung auf einen Filmriss runter, damit ich mich morgen nicht mehr an die Tanzeinlage mit Tante Gisela erinnere.

Zwei Stunden später verabschieden wir uns unter dem Vorwand, die Tochter sei müde und müsse dringend ins Bett. Eine Erklärung, die alles andere als glaubwürdig ist, denn die Tochter winkt allen Gästen fröhlich zu. Tante Gisela verkündet strahlend, sie werde nächsten Monat 85 und freue sich sehr, dass wir dann wiederkämen. »Wir tanzen dann wieder so schön«, sagt sie. Und bis dahin habe sie auch einen neuen Pullover für die Tochter gestrickt.

Ich muss mir unbedingt eine Alternativbeschäftigung für die Geburtstagsfeier suchen. Vielleicht stecke ich mich mit Grippeviren an. Oder verabrede mich zum Rosenkohlessen. Oder schaue eine Castingshow.

Kapitel 7
Auf dem Spielplatz:
Unheimliche Begegnung der dritten Art

»Sophie-Marie ist bestimmt hochbegabt.« Es ist Freitag, viertel nach drei, die Tochter und ich sitzen im Sandkasten auf dem Spielplatz, und ich verfluche mich, dass wir nicht in den Zoo gegangen sind. Da kostet der Eintritt zwar zehn Euro, aber man läuft herum und bekommt keine nervigen Gespräche aufgezwängt. So wie ich gerade. Auf dem Spielplatz denken die meisten Eltern, man möchte sich mit ihnen unterhalten. Möchte ich aber nicht. Und schon gar nicht über die angeblich überdurchschnittliche Intelligenz mir unbekannter Kinder. Der Mutter von Sophie-Marie ist das aber anscheinend egal, und sie plappert munter weiter: »Sophie-Marie ist erst drei und kann schon bis 20 zählen. Sogar auf Englisch und Französisch.«

Ich überlege, ob ich der Form halber mal anerkennend nicken soll, unterlasse es aber, da ich die Erfahrung gemacht habe, dass Gesprächspartner das nicht als Höflichkeitsgeste deuten, sondern als echtes Interesse fehlinterpretieren, was sie dazu animiert, noch mehr zu erzählen. »Komm, Sophie-Marie, zeig mal, wie toll du auf Französisch zählen kannst.« Sophie-Marie hat aber keinen Bock auf Französisch oder in sonst irgendeiner Sprache zu zählen. Stattdessen bohrt sie gelangweilt in der Nase, holt einen Popel hervor und verspeist ihn genüsslich. Nicht gerade ein Indiz für eine außergewöhnliche Hochbegabung, sondern das Verhalten eines erfreulich normal entwickelten Kindes.

Mit Erleichterung registriere ich, dass Sophie-Maries Mutter anfängt, ihre Sachen zusammenzupacken. »Wir müssen los zum Musikunterricht«, erzählt sie fröhlich. »Nächste Woche hat Sophie nämlich Klaviervorspiel.« »Aha«, erwidere ich mit unverhohlener Skepsis. Eine Dreijährige, die einen Klavierauftritt hat? Das gibt es vielleicht bei chinesischen Wunderkindern, aber wohl nicht in der städtischen Musikschule Berlin-Moabit. Ich habe selbst mit sechs Jahren angefangen, Geige zu spielen und durfte nicht vor meinem elften Lebensjahr öffentlich spielen. Meine Eltern hatten das damals unterbunden, weil sie befürchteten, die Zuhörerinnen und Zuhörer, die meiner Darbietung ausgesetzt wären, könnten sie wegen seelischer und körperlicher Grausamkeit verklagen.

Als Sophie-Marie und ihre Mutter endlich weg sind, spiele ich mit der Tochter Bäckerei. Das Spiel besteht darin, dass ich mit einem Förmchen Sandkuchen produziere und die Tochter sie dann fröhlich mit einer Schippe platthaut, wobei sie juchzend lacht. Hoffentlich denkt sie später nicht, dies ist eine übliche Form des Feedbacks, um in einer Bäckerei zum Ausdruck zu bringen, die Rezeptur der Teilchen sei deutlich verbesserungswürdig.

Während sich die Tochter mit nicht nachlassender Begeisterung der Zerstörung von sandigen Backwaren hingibt, sehe ich auf der anderen Seite des Spielplatzes eine mir

64

bekannte Gestalt. Es ist Dörte. Aus dem PEKiP-Kurs. Da ich nicht schnell genug ein Loch in den Sand graben und mich darin verstecken kann, entdeckt sie mich ebenfalls und kommt strahlend mit Sohn Konrad auf dem Arm zu uns rüber. Dörte ist barfuß, trägt ein ausgeleiertes Batik-T-Shirt und labberige Pluderhosen. »Ihr seid ja auch hier«, begrüßt sie uns enthusiastisch. »Wie toll ist das denn?« Eher so semi-toll, denke ich, aber sie scheint sich wirklich darüber zu freuen.

Konrad rudert auf ihrem Arm und will runter zur Tochter, die gerade ausprobiert, wie eigentlich Sand schmeckt. Der Junge trägt eine Art bunt gestreiften Poncho, bei dem nicht ganz klar ist, ob es sich um einen upgecycelten alten Teppich handelt oder Konrad später noch in der Fußgängerzone als Mitglied einer peruanischen Miniatur-Panflöten-Combo auftritt.

»Seid ihr alleine hier?«, will Dörte von mir wissen. »Ja, meine Freundin arbeitet Vollzeit.« Dörte macht ein bedauerndes Gesicht. »Ach, die Ärmste, bei dem tollen Wetter im Büro sitzen.« Ich hätte gerade nichts dagegen, mit der Freundin zu tauschen.

»Ich bin mit Dieter hier.« Dörte zeigt auf einen großen, hageren Mann mit kleinen, nicht mehr ganz so dichten braunen Locken und einer silbernen Nickelbrille. Er ist ebenfalls barfuß und trägt das gleiche ausgeleierte Batik-T-Shirt und die gleiche labberige Pluderhose wie Dörte. Anscheinend so eine Art Uniform für durchgeknallte Hippies.

»Dieter, komm mal her!«, ruft sie zu ihm rüber. »Das ist der Christian«, stellt Dörte mich dann vor. Dieter schaut mich fragend an.

»Na, der vom PEKiP«, ergänzt Dörte. Dieters Gesicht ist immer noch ein einziges Fragezeichen. »Der meine Brust befühlt hat«, hilft sie ihm weiter auf die Sprünge.

Jetzt geht Dieter anscheinend ein Licht auf. »Awa, du bisch dees«, sagt er in breitestem Schwäbisch. Dann fasst er mich mit beiden Händen an den Schultern und zieht mich zu sich. Allerdings nicht, wie ich befürchte, um mir sein Knie zwischen die Beine zu rammen, sondern um mich zu umarmen. »Fandsch du net au, dass die voller Knötle waret?«, fragt er mich, nachdem er die Umklammerung gelöst hat.

»Äh, weiß nicht mehr«, stammle ich.

»Des war damals obacha schlimm. Was Dörte für Schmerza in ihra Brüschd' g'habt hod«, erklärt Dieter mir, und sein verzerrtes Gesicht lässt darauf schließen, dass er gerade ihren Schmerz noch einmal durchlebt. »Immr auf d'Nacht na hon i dr Dörte die Brüschdla massiera müssa.« Warum, frage ich mich. Warum erzählt er mir das?

Die Tochter und Konrad füttern sich unterdessen gegenseitig mit Sand. Konrad scheint es zu schmecken. Ist wahrscheinlich den zuckerfreien Dinkel-Vollkornkeksen nicht unähnlich, die er sonst bekommt.

»Wir haben uns damals auf Goa kennengelernt«, erzählt mir Dörte ungefragt und wirft Dieter einen verliebten Blick zu. Wo auch sonst?

»In so nem Tantra-Workshop«, ergänzt Dieter. Das überrascht mich ebenfalls nicht sonderlich.

»Ich war damals auf der Suche nach mir selbst«, erklärt Dörte. »Und dann hast du den Dieter gefunden«, sage ich. »Des hasch aber schee gsagt«, sagt Dieter und nimmt mich schon wieder in den Arm.

»Und der hat so toll massiert, der Dieter«, erzählt Dörte. »Das müsstest du auch mal erleben.«

Ich bin kurz davor, der Tochter die Plastikschippe wegzunehmen und mir damit Sand in die Ohren zu schütten.

Dieter schaut auf die Uhr. »Dreiviertel viere scho«, ruft er. »Da müssa mer jetzt aber hudla. Glei goht unser Familien-Einhorn-Channeling im ›Hummelnescht‹ los.«

»Na, dann viel Spaß«, sage ich.

»Mensch, ihr müsst mal zum Abendessen zu uns kommen«, sagt Dörte zum Abschied. »Dann kann ich deine Freundin auch mal kennenlernen.« Ich bin mir relativ sicher, dass die Freundin darauf gerne verzichtet.

»Dieter macht ganz tolle Hirse-Möhren-Küchle.«

Ein weiterer Grund, Dörte und Dieter nicht zum Abendessen zu treffen. »Vielleicht irgendwann demnächst«, hofft Dörte.

»Da haben wir schon etwas vor«, erwidere ich. »Leider«, schiebe ich hinterher, weil Dörte und Dieter so enttäuscht gucken.

Dörte ruft noch ein hoffnungsvolles »Vielleicht klappt es ja doch bald« zum Abschied, und dann verlassen die beiden mit ihrem Sohn den Spielplatz. Die Tochter winkt, und Konrad winkt zurück.

Kaum haben die Tochter und ich uns wieder der zerstörerischen Sandbäckerei gewidmet, baut sich ein ungefähr fünfjähriger Junge vor mir auf. »Ich hab die beste Burg der Welt gebaut«, sagt er. »Die ist großartig. Ganz toll. Die allerbeste.« So hat sich wahrscheinlich Donald Trump früher auf dem Spielplatz benommen. Der Knabe trägt ein weißes T-Shirt mit einem Bild von Muhammad Ali im Boxring, auf dem in großen Buchstaben steht »I am the greatest!«. Das erklärt einiges. »Meine Burg ist viel besser als euer blöder Sandkuchen«, fährt der Junge fort und erinnert mich daran, dass man, nur weil man selbst ein Kind hat, nicht zwangsläufig andere Kinder mögen muss.

Mir liegt ein »Das ist keine Burg, sondern ein Haufen Dreck!« auf der Zunge, aber von Erwachsenen wird im Umgang mit Kindern ja Impulskontrolle verlangt.

Seine Burg ist wirklich eher kümmerlich. Einfach ein wenig aufgehäufter Sand. Als ich als Kind mit meinen Eltern an der Ostsee war, habe ich einmal eine riesige Burg gebaut. Die habe ich dann mit Kronkorken und Zigarettenstummeln verziert, die ich am Strand gesammelt hatte, und zu guter Letzt kam auf die Burgspitze ein kleiner Ast mit irgendeinem benutzten Taschentuch. Meine Eltern waren sprachlos vor Stolz.

Nun schaut der Junge auf die Tochter. »Die kann ja noch überhaupt nichts«, stellt er abschätzig fest. »Ist die noch ein Baby?«

»Nein, eine Mörderpuppe, die heute Nacht unter deinem Bett hervorkriechen und dich mit deinem Kissen ersticken wird.« Das sage ich natürlich nicht, sondern denke es nur. Wie gesagt, Impulskontrolle.

Bevor ich etwas antworten kann, kommt der Vater des Jungen. »Der Kleine stört euch doch nicht, oder?«, fragt er mich rhetorisch, da er sich nicht vorstellen kann, dass sich irgendjemand von seinem Sohn belästigt fühlen könnte. Der Vater ist ein Hüne von fast zwei Metern. Er trägt das gleiche Muhammad-Ali-T-Shirt wie sein Sohn, das unter seinem beachtlichen Brustkorb ziemlich spannt. Wahrscheinlich absolviert er täglich das PowerPapa-Fitness-Programm, bei dem sein Sohn als Zusatzgewicht bei Liegestütz, Kniebeugen und Klimmzügen dient.

Auf dem linken Unterarm des Hünen sind der Name und das Geburtsdatum seines Sohnes tätowiert. »Tyron-Mike. 22. Juni 2013« steht dort. Warum macht man so was, wundere ich mich. Ob es wohl Situationen gibt, in denen man den Namen seines Kindes vergisst und denkt: »Ein Glück, dass ich mir den Namen auf den Arm hab tätowieren lassen. Ach, sieh da, und morgen hat er Geburtstag. Da muss ich ja noch ein Geschenk besorgen.«

»Ist das deine Burg, Tyron-Mike?«, fragt der Vater den Jungen. Der nickt stolz. »Die ist ja großartig«, lobt ihn der Vater, »fast so gut wie meine Burgen früher.« Dann dreht er sich zu mir um. »Ich sach ja immer: Wie der Vater, so der Sohn.« »Absolut«, pflichte ich ihm bei.

»Ich bin übrigens Thomas«, sagt der Hünen-Vater und hält mir seine Pranke hin. Aber nicht für einen normalen Handschlag, sondern für einen Man-Shake, bei dem man die Hände wie beim Armdrücken einschlägt. Ich hasse das. Das ist immer so gewollt männlich und unangenehm vertraulich. Situationen, in denen diese Art der Begrüßung okay ist: beim Sport (außer beim Schach), wenn sich zwei Gang-Mitglieder auf der Straße treffen, bei einer Familienfeier der Stallones. Situationen, in denen diese Art der Begrüßung nicht okay ist: alle anderen.

Normalerweise versuche ich, den Man-Shake zu umgehen, indem ich die Hand meines Gegenübers von oben ergreife und wie bei einem gewöhnlichen Handschlag schüttle. Das ist bei Thomas allerdings schwierig, da er fast einen Kopf größer ist als ich. Wohl oder übel schlage ich also ein und murmle dabei: »Ich heiße Christian.« »Freut mich, Chris«, erwidert er und legt dabei noch seine linke Hand auf unsere beiden Hände. Worüber freut er sich? Dass er mir die Hand schüttelt? Und warum nennt er mich Chris?

Inzwischen hat sich Tyron-Mike zur Tochter gesetzt. »Ich mache viel bessere Sandkuchen als du«, tönt er. Der Tochter macht seine Prahlerei nichts aus, sie lacht ihn zahnlos an. Dann haut sie mit ihrer Schippe Tyron-Mikes Sandkuchen platt. Sie ist nun mal die beste Sandkuchen-Zerstörerin der Welt.

»Und was machst du so beruflich, Chris?«, will Thomas von mir wissen.

»Ich mach grade Elternzeit.«

»Respekt, Alter.« Thomas nickt anerkennend. »Ich helfe meiner Frau ja auch«, sagt er dann. »Freitags mach ich immer früher Schluss und unternehm was mit Tyron-Mike. Ist ja auch anstrengend für sie, so die ganze Zeit mit dem Kleinen.« Thomas nickt sich selbst anerkennend zu. »Dann hat meine Frau auch mal Zeit für sich oder kann in Ruhe putzen und aufräumen.« Er schaut mich an, als erwarte er, dass ich ihm einen Pokal als »Ehemann und Vater des Jahres« überreiche. Ich belasse es bei einem knappen »Voll nice von dir, Tommy«.

Während ich mich im Small Talk quäle, krabbelt die Tochter Richtung Schaukeln. Tyron-Mike rennt hinter ihr her, überholt sie und ruft: »Ich bin schneller als du.« Der Tochter ist das egal. Sie lacht glucksend, ändert die Richtung und krabbelt zur Rutsche.

»Find ich cool, dass hier auch mal ein anderer Vater ist«, teilt mir Thomas mit. Mir persönlich ist es ja egal, ob andere Eltern einen Penis oder Brüste haben. Hauptsache, ich muss mich nicht mit ihnen unterhalten. »Immer mit den ganzen Muddis is ja 'n bisschen anstrengend«, plaudert Thomas weiter. »Und wenn die erst ein-, zweimal geworfen haben, sind die ja auch nicht mehr so die Hinkucker, oder Chris?« Wieso fragt er mich das? Denkt er, wir machen hier ein wenig Locker-Room-Talk wie in der Umkleide eines Fitnessstudios? Also, falls man da über so etwas redet. So genau weiß ich das nicht, weil ich noch nie in einem Fitnessstudio war.

Aus dem Augenwinkel schaue ich nach der Tochter. Tyron-Mike ist ihr zur Rutsche gefolgt und lässt ihr Sand auf den Kopf rieseln. Die Tochter lacht schon wieder. Wahrscheinlich so eine Art Stockholm-Syndrom. Gerade als ich einschreiten will, brüllt Thomas quer über den Spielplatz: »Lass das, Tyron-Mike. Die Ladys immer schön mit Respekt behandeln.« Er dreht sich zu mir um. »Wir wollen hier ja keine MeToo-Debatte, oder Chris?« Dann lacht er schallend und haut mir seine Pranke krachend auf die Schulter. Ich wünsche mir Dörte und Dieter zurück.

Thomas schaut auf die Uhr. »Oh, schon fast fünf. Wir müssen los«, sagt er entschuldigend. »Tyron-Mike hat gleich Kickboxen.« Er ruft seinen Sohn zu sich.

»Vielleicht sehen wir uns nächsten Freitag wieder«, verabschiedet er sich. »Tyron-Mike würde sich freuen.« Ich mich aber nicht. Gleichgültig zucke ich mit den Schultern. Thomas hält mir seine Faust zum Bro-Fist-Abschiedsgruß hin. Resigniert berühre ich seine Faust mit meiner. Müsste ich meine Begegnung mit Thomas mit einem Lied beschreiben, wäre es »Männer« von Herbert Grönemeyer.

Kurz danach machen die Tochter und ich uns auf den Heimweg. Während ich den Kinderwagen mit einer Hand schiebe, recherchiere ich am Handy die Eintrittspreise der Berliner Zoos. 96 Euro für eine Kombi-Jahreskarte. Ich kaufe sie direkt per PayPal.

Kapitel 8
Wenn der Amtsschimmel zweimal wiehert

»Hier sindse falsch.« Es ist Mittwoch, 8.30 Uhr, und der Pförtner des Jugendamts Berlin-Mitte antwortet gerade auf meine Frage, wo wir unsere Anmeldung für einen Kinderbetreuungsplatz abgeben können. Dabei legt er den typischen Berliner Charme an den Tag, den man erst zu schätzen lernt, wenn man mindestens zehn Jahre in der Stadt lebt. Er scheint verstimmt zu sein, dass ich ihn beim Kaffeetrinken und bei der morgendlichen BILD-Lektüre gestört habe.

Ich hake nach, wo wir denn richtig wären, um unsere Anmeldung abzugeben. »Da müssense zum Jebäude C«, knurrt der Pförtner. Ich war schon oft genug auf Berliner Ämtern, um nicht naiv anzunehmen, dass er von sich aus preisgibt, wo besagtes Gebäude C ist. Berliner Pförtner haben nämlich eine sehr traditionelle Auffassung ihrer Berufsausübung. Sie sehen sich als Torwächter und übernehmen daher keine Empfangsaufgaben, sondern sind der Schutzwall, um den Sachbearbeitern unerwünschte Antragssteller vom Hals zu halten.

Ich lasse mich nicht entmutigen und frage weiter: »Hätten Sie die Güte, mir zu erklären, wie wir zum Gebäude C kommen, wo man uns freudig erwartet, um unsere Anmeldung entgegenzunehmen.«

»Übern Hof und dann rechts«, murmelt der Pförtner genervt, als sei das die dämlichste Frage, die ihm jemals gestellt wurde. Ich gehe zur Freundin, die mit der im Kinderwagen schlafenden Tochter am Haupteingang gewartet hat. »Wir sind hier falsch«, erkläre ich. »Wir müssen zum Gebäude C.« »Hab ich doch gleich gesagt, dass das hier nicht richtig ist«, erwidert sie und gibt sich gar nicht erst Mühe, das Besserwisserische in ihrem Tonfall zu unterdrücken. »Und wo ist das Gebäude C?« »Na, übern Hof und dann rechts«, antworte ich genervt, als sei das die dämlichste Frage, die mir jemals gestellt wurde.

Normalerweise pflegen wir in unserer stets harmonischen und von gegenseitiger Wertschätzung geprägten Beziehung nicht einen solch unfreundlichen Umgangston. Normalerweise haben wir aber auch nicht den Vorabend mit dem Ausfüllen von Behördenformularen verbracht. Seit dem gestrigen Abend bin ich davon überzeugt, dass Beziehungskrisen nicht durch offengelassene Zahnpastatuben, achtlos herumliegende Socken oder nicht aus der Dusche gespülte Haare ausgelöst werden, sondern durch das gemeinsame Ausfüllen von Formularen.

Zwischen uns und der Tagesmuttersuche stehen nämlich eine Reihe von Gesetzen und Vorschriften wie das Achte Buch des Sozialgesetzbuches, das Gesetz zur Förderung von Kindern in Tageseinrichtungen und Kindertagespflege, die Verordnung über das Verfahren zur Gewährleistung eines bedarfsgerechten Angebotes von Plätzen in Tageseinrichtungen und Kindertagespflege und zur Personalausstattung in

Tageseinrichtungen und das Gesetz über die Beteiligung an den Kosten der Betreuung von Kindern in Tageseinrichtungen und Kindertagespflege sowie in außerunterrichtlichen schulischen Betreuungsangeboten, die von uns verlangen, eine Vielzahl von Formularen auszufüllen: Und zwar die »Anmeldung zur Förderung von Kindern in Tageseinrichtungen (Krippe, Kindergarten) und Kindertagespflege«, die »Erklärung für die Festsetzung der Beteiligung an den Kosten der Tagesbetreuung von Kindern«, eine »Vollmacht zur gegenseitigen Bevollmächtigung zur Klärung aller Fragen und Sachverhalte bezüglich eines Kita-, Tagespflege- bzw. Hortplatzes«, die »Erklärung über das Sorgerecht« sowie die »Bescheinigung einer Erwerbstätigkeit«. Alles in zweifacher Ausfertigung, versteht sich. Dazu noch Kopien unserer Personalausweise, der Geburtsurkunde, des letzten Einkommenssteuerbescheids und des Elterngeldbescheids. Es hätte mich nicht gewundert, wenn auch noch die Vorlage der Seepferdchen-Urkunde verlangt würde.

Die Formulare und Nachweise müssen beim Jugendamt eingereicht werden, ein Sachbearbeiter überprüft den Betreuungsbedarf, und für den Fall, dass er keine Beanstandungen hat, händigt er einen Betreuungsgutschein aus. Mit dem geht man dann auf die Suche nach einer Tagesmutter, und wenn man eine findet, die einem genehm ist und noch einen freien Platz hat, gibt man ihr den Gutschein, den sie wiederum zur Abrechnung beim Jugendamt vorlegt. Müsste ich diese ganze

Prozedur mit einem Lied beschreiben, wäre es »Ein Antrag auf Erteilung eines Antragsformulars« von Reinhard Mey.

Gestern Abend schlugen die Freundin und ich uns also mehrere Stunden mit Formulierungen wie »Zuordnung zu §§ 53/54 SGB VII«, »Verfahren der Feststellung des sozialpädagogischbedingten Personalzuschlags« und »Summe der positiven Einkünfte im Sinne § 2 Abs. 1 und 2 EstG« herum. Das Infoblatt »Erläuterung zum Anmeldeverfahren für einen Platz in einer Tageseinrichtung oder Kindertagespflege – Hinweise zur Antragsstellung für eine Tagesförderung für Kinder bis zum Schuleintritt« erwies sich als ungefähr so hilfreich wie eine mit Google Translator übersetzte koreanische Bedienungsanleitung für einen Plasmafernseher. Dass die Tochter gerade zahnte und permanent herumgetragen werden wollte, trug auch nicht gerade zur Entspannung bei. Als wir kurz nach Mitternacht endlich unsere Unterschriften unter die diversen Formulare setzten, lag unser Harmonielevel auf einer Skala von »Arm in Arm am Strand sitzen und in den Sonnenuntergang schauen« bis »Rosenkrieg reloaded« bei »Mordor«. Eine spontane Trennung kam allerdings nicht infrage, weil wir dann neue, andere und noch umfangreichere Formulare hätten ausfüllen müssen.

Inzwischen haben wir das Gebäude C erreicht. Dort gehe ich wieder zur Pforte, um mich zu erkundigen, wo wir unseren Antrag abgeben können. Im ersten Moment denke ich, wir hätten uns verlaufen und stünden wieder vor dem

Pförtner von eben. Der Mann hinter der Glasscheibe trägt die gleiche graue Strickweste, das gleiche beige-karierte Hemd, trinkt aus der gleichen Tasse und liest in der gleichen BILD-Zeitung.

»Hier sindse falsch«, erklärt er mit der gleichen lokaltypischen Unfreundlichkeit. »Dit is Eingang C3.« Mit dieser Information ist sein Mitteilungsbedürfnis vorerst befriedigt. »Und zu welchem Eingang müssen wir mit unserem Formular?«, frage ich mit der gebotenen Unterwürfigkeit.

»C6«, erwidert er, ohne von der Zeitung aufzuschauen, und schüttelt den Kopf darüber, wie ich das nicht von selbst wissen kann. »Sofern Sie nichts Dringlicheres zu erledigen haben, versichere ich Sie meiner größten Dankbarkeit, wenn Sie mir mitteilen, wie wir zu C6 kommen«, erkläre ich.

»Sie wolln mir wohl verhohnepiepeln, wa?«, knurrt der Pförtner. »Nichts liegt mir ferner«, entgegne ich. »Dann is ja jut«, erwidert er. »Übern Hof links.«

Die Freundin und ich stiefeln samt Kinderwagen, in dem die Tochter immer noch schläft, zum Eingang C6. Dort frage ich wieder einen grau bewesteten, kariert behemdeten, Kaffee trinkenden und BILD lesenden Pförtner, wo wir mit unserem Antrag hinmüssen. »Hier sindse falsch«, bekomme ich meine Standard-Antwort.

»Aber Ihr Kollege hat uns doch hergeschickt«, protestiere ich. »Welcher?«, will der Pförtner wissen.

»Der von C3.« »Ach, der Müller«, schnaubt der Pförtner. »Der bekommt dit alles nicht mehr auf die Reihe.«

»Wieso?«, frage ich neugierig nach.

»Total überfordert ist der«, antwortet der Pförtner. »Kurz vorm Burn-out.«

»Aha«, antworte ich und wundere mich, wie man vom Kaffeetrinken und BILD-Lesen einen Burn-out bekommen kann. »Und wo müssen wir hin?«, frage ich und hoffe, mit meiner Frage bei dem Pförtner vor mir nicht auch einen Nervenzusammenbruch auszulösen. »C2«, antwortet er knapp. Wahrscheinlich, um sich nicht zu überfordern. »Lassen Sie mich raten: Über den Hof zurück rechts?«, sage ich. »Mmh«, antwortet der Pförtner und hat sich schon wieder seiner BILD gewidmet.

Die Freundin und ich stapfen missmutig zurück über den Hof. Bei C2 angekommen erkläre ich »Und-täglich-grüßt-das-Murmeltier«-artig dem nächsten Pförtner-Klon, dass wir unseren Kinderbetreuungsantrag abgeben möchten. »Da sindse hier richtig«, erklärt er. Diese Antwort überrascht mich so sehr, dass ich im ersten Moment gar nicht weiß, was ich sagen soll. Der Pförtner, der geschult darin ist, Stille zu ertragen, schaut mich schweigend an. Nach ungefähr zehn Sekunden habe ich mich gesammelt und frage, zu welchem Raum wir müssten. »454 im 4. Stock«, nuschelt er in unerwarteter Auskunftsfreudigkeit.

»Und wo finden wir den Aufzug?«, frage ich.

»Der is futsch. Da müsster loofen«, erklärt der Pförtner mit so viel Vorwurf in der Stimme, als seien wir selbst daran schuld, dass der Aufzug kaputt ist, und als geschehe es uns nur recht, dass wir den Kinderwagen in die vierte Etage schleppen müssen.

Als wir keuchend mit dem Kinderwagen im vierten Stock ankommen, erwartet uns ein düsterer langer Flur, dessen gräulicher Linoleumboden schon bessere Zeiten erlebt hat, was aber ziemlich lange her ist. Die einschüchternd hohen Decken und die abweisenden dunkelbraunen Flügeltüren signalisieren, dass hier das Amt noch kein serviceorientierter Dienstleister für steuerzahlende Bürgerinnen und Bürger ist.

Wir gehen zu Zimmer 454. Dort sitzt laut dem Schildchen, das neben der Tür angebracht ist, der für uns zuständige Sachbearbeiter Herr Klamm. Es ist erst 8.50 Uhr, zehn Minuten vor der Öffnungszeit. Wir trauen uns nicht, schon zu klopfen, und setzen uns auf zwei der hölzernen Klappstühle, die an der Wand verschraubt sind.

Ich betrachte die Aushänge an den Wänden. Ein vergilbtes Poster wirbt für den Moabiter Heimatverein, andere Zettel informieren über das Betriebssportangebot des Jugendamts Berlin-Mitte. Morgen trifft sich die Skatgruppe zum Training, am Wochenende tritt die Kegeltruppe »Alle Neune« bei den Berliner Betriebssport-Kegelmeisterschaften an.

Als es 9 Uhr ist, fordert die Freundin mich auf, nachzuschauen, ob Herr Klamm schon da ist. Ich finde, sie könne das machen, schließlich hätte ich bereits die Pförtnergespräche übernommen. Die seien ja eher so mittelprächtig gelaufen, meint die Freundin, da schade es mir nichts, mich noch ein wenig in zwischenmenschlicher Interaktion zu üben. Da ich keine Lust auf Diskussionen habe, gehe ich zur Tür und klopfe. Keine Reaktion. Ich setze mich wieder hin.

Zehn Minuten später gibt es noch immer kein Zeichen von Herrn Klamm. »Jetzt bist du dran«, sage ich zur Freundin. Sie meint, ich könne das doch schon so gut, da wäre ich viel besser dafür geeignet. Ich versuche die linke Augenbraue hochzuziehen, wodurch sich mein Gesicht zu einer grenzdebilen Fratze verzieht. Um mich zu erlösen, steht die Freundin auf und klopft. Nichts. Sie drückt die Klinke runter, aber die Tür ist verschlossen.

Nach weiteren zehn Minuten ist in dem Zimmer plötzlich das Geräusch klirrender Schlüssel zu hören. Die Tür wird von innen aufgeschlossen. Heraus tritt ein gebückter Mann mit ungekämmten Haaren und einer leeren Tasse in der Hand. Während er die Tür wieder abschließt, murmelt er, er habe noch etwas sehr Dringendes zu erledigen, sei aber unverzüglich wieder da. Sein langsamer, fast schon als kriechend zu bezeichnender Gang lässt weder auf die Dringlichkeit seiner Erledigung noch auf die Unverzüglichkeit seiner Wiederkehr schließen. Eine knappe Viertelstunde später schlurft er den Flur zurück. Aus seiner Tasse duftet es nach frischem Kaffee. Einerseits bin ich von der Warterei genervt, andererseits habe ich großes Verständnis, dass Kaffeeholen der erste zu erledigende Punkt auf seiner To-do-Liste ist. Und für seine offen zur Schau getragene Verachtung für uns als Antragssteller muss man ihm fast schon Respekt zollen.

Wir betreten mit Herrn Klamm das Büro. Er nimmt hinter seinem Schreibtisch Platz und bedeutet uns mit einer leicht unwirschen Handbewegung, uns ebenfalls zu setzen. An der Pinnwand hinter ihm hängt die obligatorische »Ich lasse mich nicht hetzen! Ich bin auf der Arbeit und nicht auf der Flucht«-Postkarte, auf der Fensterbank steht der obligatorische verstaubte Gummibaum. Wahrscheinlich gibt es beides in einem Büromittelbedarf-Katalog für öffentliche Verwaltungen und Behörden zu bestellen.

Nachdem er einen großen Schluck Kaffee genommen und einen behaglichen Seufzer ausgestoßen hat, fühlt sich Herr Klamm in der Lage, mit uns zu reden.

»Was kann ich für Sie tun?«, fragt er und schafft es, dass es sich anhört wie »Warum tue ich mir das alles hier an?«.

Die Freundin reicht ihm unsere Formulare und Nachweise in zweifacher Ausfertigung. Herr Klamm nimmt sie in Zeitlupentempo entgegen und studiert sie intensiv. Weil er längere Zeit nichts sagt und die Papiere auch nicht umblättert, befürchte ich, dass unsere Anwesenheit eine Art Totstellreflex bei ihm ausgelöst hat. Als ich ihn gerade mit einem Stift anstupsen möchte, um festzustellen, ob er noch unter den Lebenden weilt, räuspert er sich.

»Warum wollen Sie einen Betreuungsgutschein?«, will er von uns wissen.

Ich bin etwas erstaunt, dass Herr Klamm als der für die Vergabe von Betreuungsgutscheinen zuständige Sachbearbeiter nicht weiß, warum Eltern Tagesmütter- und Kitaplätze beantragen. »Weil wir arbeiten gehen wollen«, erkläre ich und spreche dabei etwas langsamer, damit er die Antwort verarbeiten kann.

»Und das Kind?«, fragt er dann.

»Wie, und das Kind?«

»Wo soll das denn hin, wenn Sie beide arbeiten?«

»Na ja, zu einer Tagesmutter. Deswegen brauchen wir doch den Gutschein.« Ich finde die Unterhaltung etwas bizarr. Die Freundin wird auch schon unruhig.

»Aha.« Herr Klamm studiert erneut für ein paar Minuten schweigend unseren Antrag.

»Wie viele Stunden?«, fragt er plötzlich unvermittelt.

»Was, wie viele Stunden?«, frage ich verdattert zurück.

»Die Betreuung. Für wie viele Stunden möchten Sie eine Betreuung für das Kind?«

Langsam gehen mir Herr Klamm und diese Unterhaltung auf die Nerven. »Na, ganztags«, erwidere ich, mühsam beherrscht. »Haben wir doch angekreuzt.«

»So lange?« Herr Klamm runzelt die Stirn.

Ich finde zwar, es geht Herrn Klamm nichts an, für wie lange wir die Tochter zur Tagesmutter geben, antworte ihm aber dennoch. »Wir arbeiten beide Vollzeit, da brauchen wir nun mal eine Ganztagsbetreuung.«

»Sie wissen schon, was es bedeutet, wenn Sie Ihr Kind so früh und dann auch noch so lange zur Tagesmutter geben?« Herr Klamm fixiert mich mit einem furchteinflößend starren Blick.

»Äh, dass wir arbeiten und Geld verdienen können?«, antworte ich fragend.

»Nein«, erwidert er missbilligend. Dann schaut er die Freundin eindringlich an. »Ihr Kind wird wahrscheinlich das erste Mal zur Tagesmutter Mama sagen und nicht zu Ihnen. Das müssen Sie sich bewusst machen.«

»Für 2000 Euro netto mehr im Monat nehmen wir das in Kauf«, antworte ich schnell, bevor die Freundin einen cholerischen Tobsuchtsanfall bekommt und Herrn Klamm in den Schwitzkasten nimmt. Schließlich hat er noch nicht unseren Antrag abgestempelt.

»Sie wird beim Verabschieden jeden Morgen bitterlich weinen«, gibt Herr Klamm nun zu bedenken. »J-e-d-e-n Morgen! B-i-t-t-e-r-l-i-c-h!«

»Für 2000 Euro netto mehr können wir uns Schallschutz-Kopfhörer kaufen, dann hören wir das nicht«, erkläre ich.

Herr Klamm schaut mich missbilligend an. »Nachmittags will sie dann vielleicht nicht mit Ihnen nach Hause gehen, sondern bei der Tagesmutter bleiben.«

»Dann können wir ins Kino gehen«, freue ich mich. »Für 2000 Euro netto mehr können wir uns das ja leisten.« Sein strenges Kopfschütteln signalisiert mir, dass Herr Klamm in der Tagesmutter-Frage keinen Spaß versteht.

»Sie wollen Ihr Kind also wirklich zu einer Tagesmutter geben?«, fragt er schnarrend. Die Freundin und ich nicken synchron. »Nun gut, es ist ja Ihr Kind.« Die Freundin und ich nicken synchron.

»Sie müssen selbst wissen, was Sie da machen.« Die Freundin und ich nicken wieder synchron. Resigniert holt Herr Klamm aus einer Schublade einen Stempel und donnert ihn auf verschiedene Stellen der Anträge. Anschließend gibt er uns den Betreuungsgutschein und einen Zettel mit den Kontaktdaten von Tagesmüttern in unserem Bezirk. Schnell verlassen wir das Zimmer, bevor es sich Herr Klamm noch einmal anders überlegt. Oder ich ihn in den Schwitzkasten nehme und den Stempel auf seine Stirn klatsche.

Kapitel 9
Deutschland sucht die Super-Tagesmutter,
wäre aber auch schon mit irgendeiner zufrieden

»Du bist doch sowieso den ganzen Tag zu Hause, du kannst das ja dann schnell machen.« Es ist Dienstagabend, kurz nach 20 Uhr, die Freundin und ich sitzen im Wohnzimmer, und wir besprechen, wie wir bei der Tagesmuttersuche vorgehen wollen. Das »Du kannst das ja schnell machen« der Freundin bezieht sich auf das Abtelefonieren der fünfseitigen Liste mit Berliner Tagesmüttern, die uns Herr Klamm vom Jugendamt mitgegeben hat.

Ich erkläre entrüstet, sie könne doch nicht so einfach über meine Zeit verfügen, das sei eine unglaubliche Abwertung der Familien- und Carearbeit, die ich hier Tag für Tag leiste. Die sei ja wohl nicht weniger wert. Immerhin gehöre es zu meinen Aufgaben, die Tochter zu betreuen, sie zu füttern, zu wickeln, mit ihr spazieren zu gehen, Wäsche zu waschen, aufzuräumen, zu putzen, einzukaufen und und und, ereifere ich mich.

»Genau. Und die Liste abzutelefonieren und potenzielle Tagesmütter zu treffen, gehört auch zu deinen Aufgaben als Vater und Hausmann«, erklärt die Freundin ungerührt, die Telefonieren genauso sehr hasst wie ich.

Ich weiß nicht, was ich darauf erwidern soll. Den ganzen Tag mit einem Baby zu verbringen, dessen Wortbeiträge sich auf Gurr- und Brrr-Laute beschränken, ist meiner Debattierfähigkeit nicht gerade förderlich.

Am nächsten Tag telefoniere ich, während die Tochter ihren Vormittagsschlaf hält, die Liste ab. Die erste Tagesmutter heißt Barsch mit Nachnamen, meldet sich aber trotzdem sehr freundlich. Das sei ja perfektes Timing, freut sie sich, nächsten Monat hätte sie wieder freie Plätze. »Ihnen macht es doch sicherlich nichts aus, dass wir Hunde haben, oder?« Bevor ich antworten kann, ertönt im Hintergrund Gebell. Lautes Gebell. Sehr lautes sogar. Wie von einem Rudel tollwütiger Wölfe, das gerade eine Herde Schafe reißt. »Die Kinder lernen so frühzeitig den verantwortungsvollen Umgang mit Tieren«, teilt mir Frau Barsch treuherzig mit. »Außerdem gibt es keine besseren Beschützer für Ihr Kind.«

»Was sind das denn für Hunde?«, frage ich zögerlich. »Zwei Pitbulls«, erklärt Frau Barsch, »ganz reizende Tiere und ganz kinderlieb.« Das Gebell schwillt weiter an. »ATTILLA, ZERBERUS!!! AUS JETZT!!!«, brüllt Frau Barsch. »GLEICH GIBT'S WAS MIT DER RUTE!« Das Bellen verstummt unverzüglich. »Haben Sie sonst noch Fragen?«, erkundigt sich Frau Barsch

»Wie viele Kinder betreuen Sie insgesamt?«, frage ich. »Zurzeit gar keine. Aber nächsten Monat bekomme ich meine Erlaubnis als Tagesmutter zurück, und dann kann Ihre Tochter zu mir kommen.«

»Ich melde mich«, sage ich und lege auf.

86

Ich streiche Frau Barsch von der Liste und rufe die nächsten Nummern durch. Siebzehn von ihnen haben gegenwärtig keinen freien Platz, eine erst ab 2026, eine ist mittlerweile keine Tagesmutter mehr, sondern Versicherungskauffrau und bietet mir eine günstige Haftpflichtversicherung an, eine andere wohnt in einem Berliner Außenbezirk, der so entlegen ist, dass sich dort nicht einmal mehr Fuchs und Hase zum Gute-Nacht-Sagen treffen.

Am nächsten Vormittag setze ich die Tagesmuttersuche auf Seite drei der Liste fort. Direkt bei der ersten Nummer habe ich Glück, und eine Frau Turba hat noch einen freien Platz. Sie meint, ich solle doch zum persönlichen Kennenlernen vorbeikommen, Telefonieren sei nicht so ihr Ding. Das macht sie schon mal sympathisch, denn Telefonieren ist auch nicht so mein Ding. Persönliches Kennenlernen zwar auch nicht, aber das lässt sich wohl nicht vermeiden.

Kurze Zeit später klingeln die Tochter und ich bei Frau Turba. Sie lässt uns in ihre Wohnung, die sich in einem derart chaotischen Zustand befindet, als gäbe es hier gerade die »Vorher«-Dreharbeiten für die RTL-2-Show »Das Messie-Team«. Zwischen Kisten, Kartons, Zeitschriftenstapeln, sperrmüllwürdigem Mobiliar und großen blauen Müllsäcken spielen drei Kinder Verstecken. Die Wohnung mit der Redewendung »wie bei Hempels unterm Sofa« zu beschreiben brächte einem wahrscheinlich eine Unterlassungsklage der Hempels ein. Ich erkläre Frau Turba entschuldigend, ich hätte vergessen, der Tochter eine Windel anzuziehen und käme ein anderes Mal wieder.

Als wir wieder zu Hause sind, telefoniere ich weitere Nummern auf der Tagesmütter-Liste ab. Allerdings nicht besonders erfolgreich. Die Tagesmütter haben entweder sehr arbeitnehmerungünstige Betreuungszeiten oder keine freien Plätze. Das letzte Mal, dass ich mir so viele Abfuhren eingehandelt habe, war in der 9. Klasse, als ich eine Partnerin für den Abschlussball suchte.

Allmählich macht sich Verzweiflung bei mir breit. In sechs Wochen endet meine Elternzeit, und sofern in der Agentur nicht die Position einer Baby-Praktikantin geschaffen wird, die es mir erlaubt, die Tochter mit ins Büro zu bringen, brauchen wir bis dahin unbedingt eine Tagesmutter. Inzwischen fände ich es sogar akzeptabel, die Tochter von der Hexe aus »Hänsel und Gretel« betreuen zu lassen. Hauptsache sie hat ab November einen freien Platz und nimmt Kinder nicht nur zwischen 10 und 14 Uhr.

Nachmittags gehen die Tochter und ich auf den Spielplatz, wo wir mal wieder Dörte und Konrad treffen. Dörte freut sich wie immer überschwänglich, uns zu sehen. Ich erzähle ihr von meiner erfolglosen Tagesmuttersuche. »Mensch, dann kommt doch morgen ins Einhorn-Häuschen«, schlägt Dörte enthusiastisch vor. Ich schaue sie fragend an. »Das ist unser Kinderladen, von dem wir dir beim PEKiP erzählt haben«, erklärt sie mir. »Deiner Tochter wird es da bestimmt gefallen. Und wir sehen uns dann jede Woche beim Elternplenum.« Wöchentliche Elternzusammenkünfte? Ein Argument, das nicht für das Einhorn-Häuschen spricht. Ohnehin hätte ich vor zwei Tagen noch gesagt, dass ich die Tochter eher tagsüber alleine im Wald spielen lasse, als sie in einen alternativen, esoterischen Kinderladen zu stecken, aber aufgrund der fehlenden Alternativen bin ich bereit, mir das Einhorn-Häuschen wenigstens einmal anzuschauen.

Am nächsten Morgen werden die Tochter und ich im Einhorn-Häuschen von einer jungen Frau willkommen geheißen, die blonde Rastalocken bis zum Po trägt und in ein orangefarbenes Gewand gehüllt ist. Sie führt ihre Handflächen vor der Brust zusammen, verbeugt sich leicht und sagt »Namaste«. Danach stellt sie sich als Shiva vor. Gemeinsam gehen wir in ein großes Spielzimmer, wo wir uns auf ein paar Kissen setzen. Die Tochter entdeckt Konrad unter den spielenden Kindern und krabbelt zu ihm. Zur Begrüßung langen sich die beiden ins Gesicht.

Unterdessen gießt Shiva mir ungefragt eine Tasse Yogi-Tee ein. »Wir orientieren uns hier am Unerzogen-Ansatz«, erklärt sie mir dann. »Kleine und große Menschen leben im Einhorn-Häuschen in einem gleichwürdigen Umgang auf Augenhöhe.« Ich nippe vorsichtig an meiner Tasse. Vielleicht ist es doch kein Yogi-, sondern Hasch-Tee, den wir hier trinken. »Die jungen Menschen bewegen sich hier ohne künstlich aufgesetzte Grenzen und ohne feste Regeln und Konsequenzen.« Das erklärt wahrscheinlich, warum gerade ein kleines

Mädchen die Wand mit einem Filzstift anmalt. Müsste ich das Treiben in dem Spielzimmer mit einem Lied beschreiben, wäre es »Kinder an die Macht« von Herbert Grönemeyer.

Die Tochter ist derweil hinter Shiva gekrabbelt und lutscht an ihren Rastalocken. Ich lasse es unter dem Gesichtspunkt der Allergie-Prophylaxe geschehen. Shiva erklärt mir nun, dass mittags immer gemeinsam mit den Kindern gekocht werde – streng ökologisch und natürlich vegan, da müsse ich mir überhaupt keine Sorgen machen. Anschließend hält sie einen längeren Vortrag über die zahlreichen Jahreskreisfeste, die im Einhorn-Häuschen gefeiert werden.

Währenddessen malt das Mädchen mit dem Stift Konrad eine Brille. Da meine linksliberale Einstellung bei dem Unerzogen-Ansatz doch an seine Grenzen stößt, unterbinde ich ihren Versuch, die Tochter mit einem Schnurrbart zu verschönern. Kurze Zeit später verabschiede ich mich von Shiva mit einem betont freundlichen »Namaste« – wahrscheinlich die Wirkung des Tees – und gehe mit der Tochter nach Hause.

Auf dem Heimweg überlege ich, wie ich das Tagesmütter-Screening effektiver gestalten kann. Vielleicht mit einem Fragebogen. Haben Sie Kuscheltiere, die auf der Rasseliste der Gefährliche-Hunde-Verordnung stehen? Stellt der hygienische Zustand Ihrer Wohnung eine Gefahr für die Volksgesundheit dar? Lernen die Kinder bei Ihnen eher Yin und Yang als Ernie und Bert kennen? Wird eine dieser Fragen mit ja beantwortet, scheidet die Kandidatin aus.

Auf der Tagesmütter-Liste sind nur noch drei Nummern offen. Bei der letzten Nummer auf der Liste habe ich tatsächlich Glück. Frau Preussig macht einen einigermaßen normalen Eindruck und hat auch noch einen freien Platz. Wir machen für den nächsten Vormittag ein Treffen aus.

Frau Preussig entpuppt sich als zierliche Frau Anfang sechzig. Somit ist sie eigentlich eher eine Tagesgroßmutter als eine Tagesmutter, aber da möchte ich nicht kleinlich sein. Ihr graues Haar hat Frau Preussig zu einem strengen Dutt geformt, was ihr eine leicht gouvernantenhafte Ausstrahlung verleiht. So ein bisschen wie Mary Poppins in alt und ohne Zauberei und Gesang.

Als Erstes zeigt uns Frau Preussig das Spielzimmer, wo sie uns ihre beiden anderen Tageskinder vorstellt. Max ist fast zwei und beäugt die Tochter misstrauisch als potenzielle Konkurrentin um die Nesthäkchen-Position. Die knapp vierjährige Ayse ist dagegen gesprächiger, und innerhalb von zwei Minuten erfahren wir, dass sie einen älteren Bruder hat, der Bülent heißt, ihre Mama Zahnärztin ist, ihr Papa in einem Supermarkt arbeitet, ihr Lieblingsessen Lahmacun ist und die Familie im Sommer immer nach Alanya in den Urlaub fährt. Danach quetscht sie mich mit der Distanzlosigkeit aus, die nur kleine Kinder und Klatschreporter an den Tag legen. Sie will wissen, wie ich heiße, wie alt ich bin, wo ich wohne, was ich arbeite, ob ich schon mal in Alanya war und ob ich auch gerne Lahmacun esse. Schließlich beendet Frau Preussig das Kreuzverhör, wir gehen ins Wohnzimmer. Die Tochter bleibt im Spielzimmer, wo sie von Ayse ausgefragt wird, der es egal ist, dass die Tochter noch nicht antworten kann.

Im Wohnzimmer bietet Frau Preussig mir eine Tasse Kaffee an, was ich sehr umsichtig von ihr finde, denn Eltern mit Kindern, die nachts noch nicht durchschlafen, können gar nicht genug Kaffee trinken. Außerdem gibt es Käsekuchen, den sie gestern gemeinsam mit den Kindern gebacken hat. Nun bin ich eigentlich eher skeptisch, was backende Kinder angeht, die mit ihren dreckigen Händen und dauertriefenden Rotznasen dafür sorgen, dass ein Kuchen mehr Bakterien und Viren als Zucker und Mehl beinhaltet. Aber es ist immer noch Käsekuchen. Also greife ich gerne zu.

Während wir Kaffee trinken und Kuchen essen, erzählt Frau Preussig, sie sei schon seit über dreißig Jahren Tagesmutter und ihr pädagogischer Ansatz ziele darauf ab, die Kinder zur Selbstständigkeit zu erziehen. Ich sage, das fände ich gut, um bei ihr zu punkten, damit wir auch wirklich den Platz bei ihr bekommen. Dann könne die Tochter bald am Wochenende für uns den Frühstückstisch decken. Und Brötchen holen, falls sie keine Zeit hat, welche zu backen. Frau Preussig schaut mich irritiert an, da sie nicht weiß, ob ich gerade einen Witz mache oder tatsächlich ein wenig merkwürdig bin. (Ich kann es ihr nicht verübeln, denn ich weiß das häufig auch nicht.)

Frau Preussig erklärt, dass sie jeden Tag und bei jedem Wetter mit den Kindern rausgeht. Auf Ausflüge in den Zoo oder ins Theater würde sie verzichten, schließlich sollten die Eltern am Wochenende auch noch was mit den Kindern unternehmen können. Das finde ich einerseits löblich, andererseits wäre es schon schön, wenn sie ab und an mit den Kindern ins Kasperltheater gehen würde, damit ich mir sonntags nicht anschauen muss, wie zweitklassige Puppenspieler drittklassige Theaterstücke aufführen, deren dramaturgischer Höhepunkt darin besteht, dass das Kasperle dem Krokodil mit einer Klatsche auf die Rübe haut. Eine Art von Action-Prügelei, die eher unspektakulär ist, wenn man so wie ich in seiner Kindheit sämtliche Filme mit Bud Spencer und Terence Hill geschaut hat. Um den Betreuungsplatz für die Tochter nicht zu gefährden, nicke ich aber zustimmend.

Nun führt Frau Preussig aus, ihr seien auch bei den kleinen Kindern gute Tischmanieren und Umgangsformen wichtig. Heutzutage ist es ja nicht sonderlich populär, zuzugeben, dass man Respekt und Höflichkeit wichtig findet, und man gerät dann schnell in den Verruf, ein reaktionärer Spießer zu sein. Aber wenn ich die Wahl hätte, ob die Tochter »Guten Tag«, »bitte« und »danke« sagt oder fremden Menschen vors Schienbein tritt, würde ich mich für die erste Option entscheiden. Um Frau Preussig zu signalisieren, dass ich ganz ihrer Meinung bin, nehme ich einen Schluck Kaffee und spreize meinen kleinen Finger so elegant ab wie die Queen.

Unterdessen setzt Frau Preussig ihren Vortrag zu ihren Erziehungsansätzen und Tagesaktivitäten fort. »Ich koche jeden Tag frisch, aber nicht bio. Dafür reicht die Pauschale des Jugendamts nicht aus.« »Das ist kein Problem«, antworte ich, um weiter gute Stimmung zu machen. »Wir sind große Fans der industriellen Landwirtschaft.« Nicht, dass uns Frau Preussig für bornierte Öko-Fundis hält, die nur Probleme machen, und wir deswegen den Platz nicht bekommen.

Eine Viertelstunde später eröffnet mir Frau Preussig, dass die Tochter gerne ab November zu ihr kommen kann. Mit Tränen der Dankbarkeit überreiche ich ihr unseren Betreuungsgutschein. Am liebsten würde ich Frau Preussig küssen, unterlasse es aber, damit sie es sich nicht noch einmal anders überlegt.

Kapitel 10

Back to the office

»Na, du süßes, kleines Ding. Dich muss ich erst mal knuddeln und knutschen!« Es ist Donnerstagmorgen, kurz vor zehn, und ich habe gerade die Agentur betreten. Die ekstatische Begrüßung unserer Teamassistentin Nina gilt bedauerlicherweise nicht mir, sondern der Tochter, die auf meinem Arm sitzt und sich neugierig umschaut. Wir unternehmen heute einen kleinen Ausflug ins Büro, da meine Elternzeit bald endet und es mir sinnvoll erscheint, nachdem ich mich für fast neun Monate der kapitalistischen Erwerbsarbeit entzogen habe, erst mal kurz in der Agentur vorbeizuschauen, bevor ich wieder täglich arbeiten gehe. So eine Art Desensibilisierung. Wenn ich mich jetzt kurz der Agenturumgebung aussetze, erleide ich an meinem ersten Arbeitstag keinen anaphylaktischen Schock. Außerdem muss ich zum Chef, um zu besprechen, was meine Aufgaben nach der Rückkehr sein werden. Es ist ja empfehlenswert, sich da frühzeitig auszutauschen, damit man sich nach der Elternzeit nicht plötzlich im Archiv wiederfindet und es zum Karriereknick kommt, vor dem immer gewarnt wird. Was allerdings voraussetzt, dass man vorher so etwas wie eine Karriere hatte.

Als Erstes schaue ich bei Lisa vorbei, mit der ich mir das Büro teile. Lisa ist eine attraktive Mittdreißigerin, die viel

Wert auf modische Kleidung, geschmackvollen Schmuck und teure Designermöbel legt. Trotzdem verspürt sie seit einigen Jahren einen starken Kinderwunsch, hat allerdings gleichzeitig das Talent, sich immer in Männer zu verlieben, die in die Kategorie »Borderliner mit zu niedriger Medikamentendosierung« fallen. Nicht gerade die beste Voraussetzung für die Familienplanung.

Als wir das Zimmer betreten, begrüßt mich Lisa überschwänglich und die Tochter noch überschwänglicher. Diese zeigt sich von ihrer besten Seite und streckt ihre Ärmchen nach Lisa aus, was bei der eine Mischung aus Milcheinschuss und spontanem Eisprung auslöst.

»Und, freust du dich schon darauf, wieder zurückzukommen?«, will Lisa von mir wissen, während sie die Tochter auf den Arm nimmt.

Spontan würde ich eigentlich antworten, dass ich die Aussicht, wieder arbeiten zu gehen, ungefähr so attraktiv finde, wie mir einen rostigen Nagel ins Knie zu hauen. Da der Chef aber gerne mal unangekündigt in den Büros auftaucht, könnte er das hören, was für künftige Personalentwicklungsgespräche unvorteilhaft wäre. Daher belasse ich es lieber bei einem nichtssagendem »Na ja, was muss, das muss.«

Bevor wir gehen, sabbert die Tochter Lisa auf ihre Escada-Seidenbluse und reißt ihr mit den kleinen Händchen die Perlenkette vom Hals. Möglicherweise hat Lisa jetzt eine realistischere Vorstellung davon, wie es ist, ein Baby zu haben, und ihr Kinderwunsch ist nicht mehr ganz so stark.

Gemeinsam fahren die Tochter und ich mit dem Aufzug ins Untergeschoss, wo Norman, der Agentur-IT-ler, untergebracht ist. Dort soll ich mein neues Handy abholen. Norman begrüßt mich sehr formell per Handschlag und streckt dann der Tochter die Hand zum Gruß entgegen. Wahrscheinlich hatte Norman noch nicht besonders viel Kontakt mit Babys. Wobei Norman generell nicht besonders viel Kontakt mit Menschen hat. Er geht zum Beispiel nie zum Einkaufen in den Supermarkt, sondern bestellt alles im Internet. Die Lieferanten müssen die Lebensmittel dann einfach vor seiner Haustür abstellen, damit er nicht mit ihnen reden muss. Ein bisschen bewundere ich Norman dafür.

Auch sonst ist Norman so ein klischeehafter Computer-Nerd, wie er nur in schlechten Filmen und Büchern vorkommt. Er ist unsportlich, sein Gesicht weist dermatologisch bedenkliche Unreinheiten auf, was auf eine Indifferenz gegenüber der basalen Körperhygiene und eine sehr fett- und zuckerhaltige Ernährung schließen lässt. Sein schulterlanges lockiges Haar ruft Assoziationen mit Imbissbuden hervor. Sowohl was den fettigen Glanz als auch den öligen Geruch angeht. Seine einzigen Sozialkontakte außerhalb der Agentur sind zwei französische Bulldoggen, die er Mitterand und Sarkozy getauft hat und die den ganzen Tag laut schnarchend unter seinem Schreibtisch schlafen. Arbeitsrechtlich ist es zwar nicht erlaubt, Haustiere mit ins Büro zu bringen, aber weil Norman als IT-ler alle unsere Mails mitlesen und unsere Browserverläufe kontrollieren kann, traut sich niemand, ihm irgendwelche Vorschriften zu machen. Nicht einmal der Chef.

»Wie ist es so mit Kind? Wie oft bekommt es Futter? Und wie oft musst du mit ihm Gassi gehen?« Norman versucht sich in der Kulturtechnik des Small Talks. Trotz seiner Spleens und seiner ausbaufähigen Sozialkompetenz verstehe ich mich ganz gut mit Norman. Vielleicht gerade deswegen. Im Vergleich zu ihm fällt mein eigenes sozialphobisches Verhalten wenigstens nicht so auf.

Aus einer Schublade holt Norman mein neues Smartphone und erzählt mir etwas von Prozessorkern, Pixeldichte, Frequenzbändern und SAR-Wert. Spräche er Suaheli, verstünde ich in etwa genauso viel. »Alles klar«, unterbreche ich ihn. »Und sind auf dem Gerät schon Twitter, Instagram und Facebook drauf?«

»Das ist laut der weltweiten Company Policy nicht erlaubt«, entgegnet Norman. »Ja und?«, frage ich.

»Ich hab sie dir auf dem dritten Bildschirmfenster abgelegt«, erklärt er. »Alles fertig mit Usernamen und Passwort. Kannst direkt loslegen.« Ich frage lieber nicht nach, woher Norman meine Passwörter kennt.

Unterdessen steckt sich die Tochter das Handy in den Mund und lutscht daran. »Macht nichts, ist wasserfest«, beruhigt mich Norman. »Mitterand und Sarkozy haben das auch schon vollgesabbert, und das läuft immer noch 1a.« Ich versuche, der Tochter das Handy zu entwinden, wogegen sie lautstark protestiert.

Da es sich nicht länger vermeiden lässt, suchen die Tochter und ich nun das Büro des Chefs auf. Der begrüßt uns freundlich und hält dann erst mal einen längeren Vortrag über seine eigenen Kinder. Vier Stück. Von drei verschiedenen Frauen. 12, 14, 15 und 17 seien die. Also, die Kinder, nicht die Frauen. Elternzeit hätte es damals noch nicht gegeben, aber er wäre trotzdem ein guter Vater. Wenn er am Wochenende nicht auf Dienstreise ist, sei er voll und ganz für die Familie da. Dienstliche E-Mails würde er dann nur heimlich auf Toilette schreiben.

Aha, der Chef verfasst also geschäftliche E-Mails, während er sein Geschäft verrichtet. So viel Multitasking hätte ich ihm gar nicht zugetraut. Ich bin überzeugt, dass er trotz der heimlichen Mailschreiberei auf dem Klo seinen Kindern ein guter Vater ist. Er ist ja fast nie zu Hause. So wie es sich Teenager von ihren Eltern wünschen.

Inzwischen ist der Chef dazu übergegangen, die Entwicklungen in der Agentur in den letzten Monaten für mich zusammenzufassen. Er redet von NewBizz Opportunities, von den neuen tailor-made Tools, die einen USP für die Agentur darstellten, von der guten Performance des Digital Teams, das ordentlich Buzz Value brächte, und von dem Double-Digit-Profit, den das Headquarter in New York verlange. Ohne wirklich richtig zuzuhören, nicke ich ab und an zustimmend. Müsste ich mein Interesse am Monolog des Chefs mit einem Lied beschreiben, wäre es »The great song of indifference« von Bob Geldorf. Die Tochter macht Blubberbläschen mit dem Mund, was mir substanzieller als das Gerede des Chefs zu sein scheint.

Der erzählt nun davon, wie zufrieden meine alten Kunden mit der Arbeit von Michael seien, der mich in der Elternzeit vertreten hat. Deswegen habe er entschieden, dass Michael die Kunden weiter betreuen solle, denn er wolle ihnen nicht schon wieder eine Veränderung zumuten. Das würde ich doch sicherlich verstehen, denn Menschen würden nun mal keine Veränderungen mögen. Eine erstaunliche Aussage von einem Mann, der zum dritten Mal verheiratet ist. Und selbstverständlich verstehe ich das, ich mag schließlich auch keine Veränderungen. Vor allem nicht bei meinen Kundenprojekten. Die Tochter donnert geräuschvoll in die Hose. Sie findet die Entscheidung des Chefs anscheinend auch scheiße.

Ich frage den Chef, ob es in Ordnung sei, wenn ich der Tochter die Windel wechsle. Er könne inzwischen ein paar E-Mails beantworten, das wäre ja fast wie am Wochenende auf dem Klo. Dem Chef ist zwar sichtlich unwohl bei dem Gedanken, dass sein Sechstausend-Euro-Sofa von Philippe Starck als Wickelkommode genutzt wird, aber er möchte nicht spießig erscheinen und nickt schmallippig.

Nachdem die Tochter wieder einen frischen Po hat, erklärt mir der Chef, ich solle mich wegen meiner alten Kunden nicht grämen. »Ich habe da etwas viel Besseres für dich«, erklärt er fröhlich. »Aha«, entgegne ich zurückhaltend, habe ich doch die Erfahrung gemacht, wenn jemand sagt, er habe etwas Besseres für einen, dann ist Misstrauen angebracht.

»Du wirst befördert!«, verkündet der Chef feierlich. Mein Argwohn war also mehr als berechtigt. Beförderungen bedeuten nämlich minimal mehr Gehalt bei maximal mehr Arbeit. Außerdem gibt es mehr Druck, und der CFO hängt einem ständig im Nacken, man solle NewBizz Opportunities verfolgen, den Revenue erhöhen und die Profitability steigern. Und wenn es ganz schlecht läuft, bekommt man Personalverantwortung und muss sich mit nörgeligen Kollegen herumschlagen. Dann kann ich auch gleich mit der Tochter zu Hause bleiben.

»Wenn du zurückkommst, wirst du das Baby-Team leiten«, erklärt der Chef. Baby-Team? Was soll das sein? Ist das ein Euphemismus für eine neue Betriebskita, die ich managen soll? Dafür gibt es aber viel zu wenige Eltern in der Agentur. »Dein Parental Knowledge ist ein großes Asset für uns«, sagt der Chef. Wenn ich noch eine englische Bullshit-Phrase höre, bekomme ich einen Schreikrampf. Um mich abzulenken, drücke ich der Tochter ein Fläschchen mit Kindertee in die Hände, aus dem sie sofort gierig trinkt.

»In dem Team werden wir lauter Kunden mit Babyprodukten akquirieren«, erklärt mir der Chef. »Ich habe auch schon eine Target List mit potential Clients erstellt.« Er hält mir einen handgeschriebenen Zettel vor die Nase. Darauf stehen eine Kosmetikfirma, deren Cremes und Lotions so mit Parabenen, Silikonen und Paraffinen vollgestopft sind, dass ich sie, aus Angst, wegen Kindswohlgefährdung angezeigt zu werden, nie auf die Tochter schmieren würde. Außerdem ein

Babynahrungsmittelproduzent, dessen Breie und Gerichte mehr Salz als das Tote Meer enthalten, und ein Kinderautositzhersteller, der schon mehrmals von der Stiftung Warentest mit »mangelhaft« bewertet wurde. Das macht alles nicht besonders viel Lust auf die Rückkehr im nächsten Monat. Vielleicht wäre das Archiv doch eine attraktive Alternative.

»Und wer ist noch in dem Baby-Team?«, frage ich zähneknirschend. »Ich«, erwidert der Chef strahlend. Ich verspüre das dringende Bedürfnis, ihm vor die Füße zu kotzen. Allerdings kommt mir die Tochter zuvor, die kurz aufstößt und dann in einem Tsunami-artigen Schwall 200 Milliliter Kindertee auf das Designersofa spuckt.

Wenn ich den Gesichtsausdruck des Chefs richtig deute, überlegt er sich das mit dem Baby-Team noch mal.

Kapitel 11
Resozialisierung im Büro: Bang Bumme Bang

»Na komm, lass uns mal weitergehen.« Es ist Montagmorgen, 8 Uhr, heute ist mein erster Arbeitstag nach der Elternzeit, und die Tochter und ich sind gerade auf dem Weg zur Tagesmutter. Wobei »auf dem Weg zur Tagesmutter« mehr Zielstrebigkeit suggeriert, als wir an den Tag legen.

Die Tochter ist nämlich – um es positiv auszudrücken – ein sehr interessiertes Kind und hat ein Auge für die noch so kleinsten Details am Wegesrand, auf dem Boden oder sonstwo. Gerade hat sie einen Schmetterling entdeckt und ruft freudig »Bumme«. Eine nicht ganz korrekte Beschreibung für ein Pfauenauge, aber das ist ihrem noch recht begrenzten Wortschatz geschuldet. Der besteht hauptsächlich aus »Mama« (für ihre Mutter), »Mapa« (für mich), »Nein« (zur Verneinung von Fragen), »Ja« (manchmal zur Bejahung von Fragen, meistens aber auch zur Verneinung, was die Kommunikation mitunter schwierig gestaltet) und eben »Bumme« (Universalbegriff zur Beschreibung von Gegenständen, Tätigkeiten und Gefühlszuständen).

Die Tochter interessiert sich aber nicht nur für die Fauna, sondern auch für alles andere: Kronkorken, leere Getränkedosen, achtlos weggeworfene Flyer, Werbeplakate auf Stromkästen, kleine Zweige, mittlere Zweige und große Zweige. Alles registriert die Tochter (»Bumme!«), und nichts ist unwichtig genug, um es nicht einer minutiösen Begutachtung zu unterziehen. Im Gegensatz zu mir hat die Tochter alle Zeit der Welt. Ich bin gedanklich schon im Büro und überlege mit Schaudern, was mich da erwartet. Tausende ungelesener E-Mails, neue Aufgaben, der Chef und ein Computer, dessen Passwort ich vergessen habe.

Solche Gedanken kennt die Tochter nicht. Als Einjährige reicht ihr Zukunftshorizont ungefähr so weit wie das nächste Blatt auf dem Boden. Sie ist quasi eins mit dem Weg zur Tagesmutter, die personifizierte Achtsamkeit, der menschgewordene »Der Weg ist das Ziel«. Müsste ich unseren morgendlichen Fußmarsch mit einem Lied beschreiben, wäre es »Road to nowhere« von den Talking Heads.

Nun hat die Tochter einen Zigarettenstummel auf dem Bürgersteig erblickt. Nachdem sie ihn untersucht hat, beginnt sie, auf ihm rumzutrampeln. Anscheinend ist sie eine militante Nichtraucherin. Allerdings sieht sie kurz danach einen Marienkäfer, und ich kann sie gerade noch abhalten, ebenfalls auf ihn zu treten und ihm einen morgendlichen Exitus zu bescheren. Vielleicht hat die Tochter doch keine Abneigung gegen Zigaretten, sondern lebt einfach Allmachtsfantasien mit ihren Füßen aus.

Vor gut vier Wochen ist die Tochter ihre ersten Schritte gegangen und macht seither rapide Fortschritte. Sie schafft schon recht beachtliche Strecken, allerdings noch ein wenig schwankend. Um das Gleichgewicht zu wahren, spreizt sie ihre Arme seitlich ab, weswegen sie sich wie ein 80 cm großer

Freddy Frinton – der Butler aus »Dinner for One« – fortbe-
wegt. Und jede Türschwelle und Bordsteinkante wird zum
Tigerkopf.

Seit die Tochter laufen kann, weigert sie sich beharrlich,
im Kinderwagen zu sitzen. Einerseits ist ihr Streben nach Au-
tonomie und Mobilität selbstverständlich zu begrüßen. Andererseits verlängert es unsere Wegzeiten um ein Vielfaches.
Wenn wir in diesem Tempo weiterlaufen, werde ich pünktlich
zum Feierabend im Büro sein.

An der nächsten Straßenecke hocken eine Frau und ein
kleiner Junge auf dem Boden. Es sind Dörte und Konrad, die
gerade andächtig eine Ameisenstraße beobachten. »Das ist
ja toll, dass ihr auch schon so früh unterwegs seid.« Dörte ist
wie immer hocherfreut, uns zu sehen. Sie müsse eigentlich
erst um 10 Uhr mit Konrad im Kinderladen sein, aber sie
gehe immer schon mindestens zwei Stunden früher los, damit sich Konrad alles, was er sieht, genau anschauen könne,
erklärt sie fröhlich. »Es ist ja wichtig, dass die Kinder das
Tempo selbst bestimmen können und nicht von den Eltern
gewaltsam aufgezwungen bekommen.« Damit hat Dörte sicherlich recht, aber es ist ebenso wichtig, pünktlich ins Büro
zu kommen, damit man Geld verdient, von dem man für das
Kind Essen kaufen und die Miete bezahlen kann, damit es ein
Dach über dem Kopf hat.

Konrad hat inzwischen einen Hundehaufen entdeckt,
den er eingehend inspiziert. Die immer tiefenentspannte
Dörte wird nun doch etwas nervös. Es ist ihr förmlich anzu-

sehen, wie sie mit sich ringt, ob es gegen ihre antiautoritären Erziehungsprinzipien verstößt, wenn sie Konrad verbietet, Tierfäkalien anzufassen. Die Tochter kommt ihr zur Rettung, indem sie anfängt, mit lauten »Bumme, bumme«-Rufen auf den bedauernswerten Ameisen rumzuspringen. Konrad lässt von dem Haufen ab und klatscht begeistert in die Hände.

Nachdem die Tochter ihre Trampeleinlage beendet hat, setzen wir unseren Weg fort und erreichen tatsächlich irgendwann die Tagesmutter, wo mich die Tochter fröhlich verabschiedet. (»Mapa bumme!«)

Ich verlasse nun die Parallelwelt »Fußweg mit einjähriger Tochter« und begebe mich in die nicht minder groteske Parallelwelt »PR-Agentur«. Bevor ich das Büro betrete, werfe ich einen prüfenden Blick auf meine Kleidung. Die zeugt nämlich besonders von meinem Leben in diesen beiden Welten. Das erste Mal seit neun Monaten – abgesehen von der Familienfeier – trage ich wieder einen Anzug. Allerdings hat der Morgen mit der Tochter seine Spuren auf ihm hinterlassen.

An meinem rechten Revers entdecke ich einen hellen Fleck, der entstanden ist, als sich die Tochter nach einem großen Schluck Milch an mich gekuschelt hat. Knapp oberhalb der Brusttasche leuchtet ein gelblich-grüner Streifen, der wohl von der gleichen Kuscheleinheit stammt. Dieser Fleck deutet darauf hin, dass das Naseputzen vorher wohl einer dieser Momente war, in denen die Tochter »Ja« sagte, aber eigentlich »Nein« meinte, als ich sie fragte, ob sie auch ordentlich geschnaubt hätte und alles draußen wäre. Auf Höhe meiner Knie gibt es noch einige klebrige Handabdrücke, wo sich die Tochter beim Laufen mehrmals festgehalten hat und die den Marmeladentoast dokumentieren, den sie heute zum Frühstück hatte. Da ich keine Wechselklamotten dabeihabe – so etwas packt man ja immer nur für die Kinder ein –, beschließe ich einfach, dass mir die ganzen Flecken »bumme« sind und mir eine sympathische Note als Vater eines Kleinkindes verleihen.

Trotz des zeitaufwendigen Fußmarsches mit der Tochter bin ich der Erste in der Agentur und kann unbehelligt meinen Arbeitsplatz aufsuchen. Dort klebt an meinem Computer-Monitor ein gelber Haftzettel von Norman aus der IT. »Passwort: 123456. Bitte ändern.« Als neues Passwort wähle ich »Bumme2018« und mache mich dann daran, 2000 Newsletter-Mails, die ich in meiner Abwesenheit bekommen habe, zu löschen. Kurze Zeit später kommt meine Zimmernachbarin Lisa, die sich freut, endlich nicht mehr alleine im Büro sitzen zu müssen.

Den Vormittag verbringe ich mit bemerkenswerter Unproduktivität und ertappe mich immer wieder dabei, wie meine Gedanken abschweifen. Gegen halb elf haben die Tochter und ich immer auf dem Sofa gekuschelt, bis sie auf meiner Brust eingeschlafen ist. Das wäre jetzt schön. Ob ich wohl Lisa für ein wenig Schmusen und ein Nickerchen begeistern kann? Vielleicht würde sie mein Anliegen aber missverstehen. Außerdem hat die Agentur ihren Hauptsitz in den USA, weswegen unsere Arbeitsverträge umfangreiche Klauseln zum Thema sexuelle Belästigung enthalten. Daher erscheint es mir wenig ratsam, mit Lisa das Thema gemeinsames Kuscheln zu erörtern.

Auch in der Mittagspause zeigt sich, dass die Elternzeit nicht spurlos an mir vorübergegangen ist. Beim Essen schiebe ich mehrmals die Gläser der Kolleginnen und Kollegen in die Tischmitte, damit sie sie nicht in einer hastigen Bewegung runterfegen. Einmal bin ich kurz davor, Ingolf, seines Zeichens Leiter des Public-Affairs-Teams, den Mundwinkel mit einer befeuchteten Serviette sauber zu wischen. Außerdem spiele ich mit dem Gedanken, dem neuen Praktikanten, dessen bartloses Babyface eher nach Konfirmand als nach Student aussieht, die Spaghetti klein zu schneiden, damit er ordentlich isst.

Nachmittags steht das wöchentliche Agenturtreffen an. Ein Termin, den ich schon vor der Elternzeit gehasst habe und der ungefähr so angenehm ist wie eine Zahnwurzelbehandlung. Nur nervtötender und schmerzhafter. Als Erstes heißt mich der Chef willkommen, was die Kolleginnen und Kollegen mit mäßig enthusiastischem Klopfen auf den Konferenztisch quittieren. Da während meiner Elternzeit keine Vertretung eingestellt wurde, mussten alle in den letzten Monaten meine Arbeit miterledigen, was meiner Beliebtheit im Büro anscheinend nicht gerade zuträglich war.

Anschließend beginnt der Chef mit einem seiner gefürchteten Monologe, gegen die Fidel Castros Parteitagsreden als pointierte Grußworte gelten können. Um nicht ins Wachkoma zu fallen, untermale ich die Ansprache des Chefs im Kopf mit Kinderliedern. Er redet über das erhoffte Neugeschäft (»Taler, Taler, du musst wandern«), die notwendige Produktivitätssteigerung im Büro (»Wer will fleißige Handwerker sehen«), den anstehenden Besuch einiger Kollegen aus dem Pekinger Büro (»Drei Chinesen mit dem Kontrabass«), den Betriebsausflug nächsten Monat (»Ri ra rutsch, wir fahren mit der Kutsch«) und die farbliche Neugestaltung der Büros (»Grün, grün, grün sind alle meine Kleider«). Dann ist er endlich fertig, und wir dürfen zurück an unsere Schreibtische (»Schlaf, Kindlein, schlaf«).

Um 17 Uhr verlasse ich das Büro, denn ich finde, für den ersten Tag nach der Elternzeit habe ich genug nichts getan. Am Ausgang treffe ich den Chef, der mich fragt, ob ich mich schon wieder gut eingelebt hätte. Ich strecke einen Daumen in die Höhe und sage: »Alles Bumme!«

Kapitel 12

Das »Projekt Geschwisterkind«.
Oder: Mission almost impossible

»Wir haben doch schon ein perfektes Kind.« Es ist Sonntag, kurz nach sieben, wir sitzen alle gemeinsam am Frühstückstisch, und die Freundin hat mich gerade gefragt, was ich davon halte, wenn wir ein zweites Kind bekämen. »Sie ist niedlich, sanftmütig und aufgeweckt. Da sollten wir unser Glück vielleicht nicht herausfordern«, gebe ich zu bedenken.

Das perfekte, aufgeweckte Kind tunkt gerade eine Scheibe Mortadella in ihren Milchbecher und hält mir dann freudestrahlend die Milchwurst entgegen. Großzügigkeit und Freigiebigkeit gehören also auch zu ihren positiven Eigenschaften. Trotzdem lehne ich ihr kulinarisches Angebot dankend ab.

»Aber Christian Lindner ist auch Einzelkind«, wirft die Freundin etwas unvermittelt ein. Ich runzle die Stirn. »Du meinst also, wenn unsere Tochter keine Geschwister hat, wird sie eine überhebliche, unsympathische Heißdüse und die erste weibliche Vorsitzende der FDP?«, frage ich. »Nicht zwangsläufig«, erwidert die Freundin. »Aber es wird gemeinhin angenommen, dass Geschwisterkinder sozial kompetenter sind, über eine höhere Frustrationstoleranz verfügen und besser darin sind, Konflikte gewaltfrei auszutragen.« »Aha«, entgegne ich. »Aber weißt du, wer Geschwister hatte und trotzdem keinen vorderen Platz im Sozialkompetenz-Ranking einnimmt?« Die Freundin zuckt mit den Schultern. »Adolf Hitler«, erkläre ich. »Der hatte viele Geschwister und ist trotzdem, nun ja, Hitler geworden.«

»Dafür war aber Andreas Baader Einzelkind«, kontert die Freundin. »Das heißt, es hätte den RAF-Terror so nie gegeben, wenn Andreas Baader Geschwister gehabt hätte, die ihm beigebracht hätten, dass es nicht cool ist, Industrielle und Banker zu entführen und zu töten?« »Wer weiß«, antwortet die Freundin schnippisch. »Wir sollen also ein zweites Kind bekommen als aktiven Beitrag zur Terrorismusbekämpfung? Quasi als patriotischen Akt?« Ich freue mich über mein doppeldeutiges Akt-Wortspiel, die Freundin rollt mit den Augen.

»Die Tochter ist jetzt fast anderthalb, und wir sind mit ihr aus dem Gröbsten raus«, argumentiert die Freundin nun. »Damit der Abstand nicht zu groß wird, ist doch jetzt der ideale Zeitpunkt für ein zweites Kind. Oder nicht?«

Da hat die Freundin nicht ganz unrecht. Inzwischen läuft es mit der Tochter tatsächlich ganz rund. Sie hat sich gut bei der Tagesmutter eingelebt, seit ein paar Monaten ist sie abgestillt, und nachts weckt sie uns nicht mehr alle zwei Stunden Guantanamo-mäßig auf, um einen nächtlichen Snack einzufordern. Sie schläft sogar ab und zu in ihrem eigenen Bett ein. Also, nicht immer, aber manchmal. Gut, es war genau einmal, und da war sie auf dem Heimweg im Kinderwagen eingeschlafen, sodass ich sie schlafend in ihr Bettchen gelegt habe. Und ja, wenn Sie unbedingt Haare spalten und

Korinthen kacken wollen, dann ist sie nicht in ihrem Bett eingeschlafen, aber sie lag zumindest zu Beginn der Nachtruhe darin. Es sind nun mal die kleinen Lichtblicke im Leben, die einem als Eltern Hoffnung geben.

Was den Alltag mit der Tochter ebenfalls erleichtert, ist ihr stetig wachsendes Ausdrucksvermögen. Zumindest kann sie schon ein paar einzelne Wörter. »Mill« ist »Milch«, »Wusst« ist die »Wurst« und der Rest ist halt »Bumme«. Gut, das reicht vielleicht nicht, um mit ihr feingeistige Konversation über das literarische Schaffen von Martin Walser zu betreiben, aber das ist auch gar nicht schlimm, denn sonst müsste ich ja die Bücher von Martin Walser lesen. Und wer möchte das schon?

Trotzdem ist es ein Riesenfortschritt, dass die Tochter ihre Bedürfnisse nun mit Worten zum Ausdruck bringen kann und nicht mehr ausschließlich durch die unterschiedliche Lautstärke ihres Brüllens. Das Gebrülle hat mich immer fertiggemacht. Nicht nur wegen des Lärms und der Dauer, sondern vor allem wegen meiner Unfähigkeit zu verstehen, ob sie brüllt, weil sie Hunger, Blähungen oder Langeweile hat. In Erziehungsratgebern wird ja häufig suggeriert, dass Eltern am Schreien der Kinder hören, wo ihnen der Schuh drückt. Was für ein Unsinn! Vor allem, weil Babys in der Regel gar keine Schuhe tragen.

Und kommen Sie mir jetzt bitte nicht mit »Aber Mütter fühlen, was das schreiende Kind braucht«. Warum sollten die das im Gegensatz zu Vätern können? Brüste und Eierstöcke sind ja keine Universal-Übersetzer für Babygeschrei. Häufig genug stand die Freundin in den ersten Monaten ratlos vor der brüllenden Tochter, was mehrmals in ihrem halb verzweifelten, halb genervten Ausruf »Dann sag doch, was du willst!« gipfelte. Und ich machte mehrmals die Erfahrung, dass der höfliche Hinweis »Ein Baby kann doch gar nicht reden« selten mit Wohlwollen aufgenommen wird. Eigentlich nie.

Die Freundin schaut mich immer noch fragend an. »Na gut«, sage ich schließlich. »Dann lass uns das mit dem ›Projekt Geschwisterkind‹ angehen.« Die Freundin fällt mir freudestrahlend um den Hals, und wir besiegeln unsere Entscheidung mit einem Kuss. Die Tochter ist ebenfalls erfreut und klatscht in die Hände. Sie weiß ja auch nicht, dass wir gerade beschlossen haben, ihr Erbe zu halbieren.

Während sich am Frühstückstisch so ein »Projekt Geschwisterkind« recht einfach beschließen lässt, erweist es sich in der Umsetzung als herausfordernd. Mit Anfang zwanzig verfügt man ja noch über die Libido eines echten Rammlers. Man will und kann immer und setzt sein sexuelles Verlangen gegebenenfalls direkt an Ort und Stelle in die Tat um. Mit dreißig und als dauermüde Eltern eines anderthalbjährigen Kindes lodert das Feuer der Leidenschaft nicht mehr ganz so stark. Es ist weniger ein Vulkan, wie ihn Rex Gildo seinerzeit besungen hat, sondern eher ein zartes Glimmen, kurz vor Erlöschen der Glut. Reißt man sich dann aber doch irgendwann zusammen, um Zärtlichkeiten und Körperflüssigkeiten auszutauschen, kräht weit vor Erreichen irgendeines Höhepunktes im Nachbarzimmer das Kind, weil es aus dem Bett geholt werden will. Müsste ich unsere Bemühungen, ein weiteres Kind zu zeugen, mit einem Lied beschreiben, wäre es »Irgendwie, irgendwo, irgendwann« von Nena.

Dazu kommt noch, dass Kleinkinder, sobald sie in die Fremdbetreuung gehen und Kontakt mit anderen Kindern haben, zu gemeingefährlichen Virenschleudern mutieren und regelmäßig ihre Eltern niederstrecken. So auch bei uns. Kurz nachdem die Freundin die Pille abgesetzt hat, erwischt uns beide eine starke Erkältung mit Fieber, Schnupfen, Gliederschmerzen und allem, was dazugehört. Das ist dem Sex nicht gerade zuträglich: Zum einen fehlt mir die Kraft, zum anderen finde ich eine Partnerin mit tropfender Nase nur begrenzt erregend. Die Freundin hat es auch nicht besser erwischt, denn aufgrund meiner verstopften Nase kann ich nur durch den weit geöffneten Mund atmen, was mir die Mimik und Erotik einer billigen Sexpuppe verleiht.

Ungünstigerweise fällt genau in die Hochphase unserer Krankheit der Eisprung der Freundin. Als sie mir das abends im Bett mitteilt, erkläre ich matt, da müssten wir das »Projekt Geschwisterkind« wohl um einen Monat verschieben. Nun gehört aber Geduld nicht gerade zu den Tugenden der Freundin. Dafür aber Entschlossenheit und Willenskraft. Und wenn die Freundin sich etwas in den Kopf gesetzt hat, kann sie unglaublich hart zu sich selbst sein. Und zu mir. »Stell dich nicht an wie so eine Mimose«, knurrt sie in einem Tonfall, den wohl allenfalls Menschen, die gerne zu einer Domina gehen, um sich mit einer neunschwänzigen Katze züchtigen lassen, als sexuell stimulierend empfinden. Dann erklärt sie, ich solle sie einfach machen lassen. »Für zwei Minuten wird deine Kraft ja wohl ausreichen.«

Um das Ganze abzukürzen: Zwei Wochen später bleibt bei der Freundin die Menstruation aus, und ein Schwangerschaftstest bringt die Gewissheit: Die Freundin ist wieder schwanger! »Wie beim Fußball«, sage ich, »ein Schuss, ein Tor.« Die Freundin pflichtet mir bei. Allerdings meint sie mit Tor mich.

Kapitel 13

Schwangerschaft und Entbindung reloaded

»Oder ein Hamster.« Es ist Dienstag, 19 Uhr, wir sitzen beim Abendbrot, und die Freundin und ich haben der Tochter gerade ausführlich, kindgerecht und mit dem nötigen Fingerspitzengefühl erklärt, dass sie demnächst ein Geschwisterchen bekommt. Eigentlich hatten wir damit gerechnet, dass sie wissen will, woher denn dieses ominöse Geschwisterchen kommt, aber nicht, dass sie lieber ein flauschiges Nagetier hätte. Wahrscheinlich hat sie das aus irgendeinem doofen Bilderbuch, wo ein Kind einen Hamster hat, und jetzt will sie auch einen. Man ist ja häufig viel zu nachlässig beim Kauf von Kinderbüchern. Wenn man da vorher nicht sorgfältig den Inhalt kontrolliert, dass nicht irgendein Quatsch drinsteht, diskutiert man plötzlich mit einer Anderthalbjährigen über die Anschaffung eines Haustiers. Beziehungsweise über die Nichtanschaffung.

Ich persönlich bin kein großer Fan von Haustieren. Wahrscheinlich liegt das daran, dass in meiner Kindheit die Tiere meiner Freunde alle ein tragisches Ende nahmen. Der Kanarienvogel Hansi meines Kumpels Michael wurde durch ein schicksalhaftes Malheur von einer hastig zugeworfenen Tür im Fluge zerquetscht. Meine Klassenkameradin Sabine ließ ihr Meerschweinchen frei im Zimmer herumlaufen, und als sie ihre Couch anhob, um den kleinen Fridolin darunter hervorzuholen, rutschte sie ab und pfählte ihn versehentlich mit einem Sofabein. Und das Zwergkaninchen Mümmel meines Nachbarn Frank grillte sich selbst durch einen beherzten Biss ins Stromkabel. Diese tödlichen Unfälle machten mir keine besonders große Lust auf ein eigenes Haustier.

Die Tochter dagegen ist ganz vernarrt in Tiere. In unserer Straße gibt es eine kleine Zoohandlung, an deren Schaufenster die Tochter jeden Morgen auf dem Weg zur Tagesmutter und jeden Nachmittag auf dem Weg nach Hause lange ihr kleines Gesichtchen platt drückt, um Meerschweinchen, Hasen und Mäuse zu beobachten. Und vor allem die Hamster. Jeder Versuch, sie dort weg zu lotsen, führt unweigerlich zu epischen Wutausbrüchen, gegen die Donald Trump wie ein emotional stabiler Zeitgenosse wirkt.

Im Laufe des Frühstücks können wir die Tochter davon überzeugen, der Idee eines Geschwisterchens zumindest neutral gegenüberzustehen. Und das, obwohl wir ihre Frage »Schwisterchen Fell?« verneinen mussten.

Die Schwangerschaft selbst läuft alles in allem recht unspektakulär. Etwas nüchterner und abgeklärter als noch bei der Tochter. Beim ersten Kind gibt man sich ja gerne voll und ganz dem Zauber hin und verhält sich, als sei man das allererste Paar, das überhaupt jemals ein Kind bekommt. Da werden dann Freunde, Verwandte, Bekannte und gerne auch Wildfremde auf der Straße ungefragt, ungewollt und in einer kaum erträglichen Ausführlichkeit mit Details über den

Entwicklungsstand des kleinen Zellhaufens versorgt, es wird über erste Bewegungen und Tritte informiert und mit Ultraschallbildern gewedelt. Das einzige Paar, das sich legitimerweise so hätte aufführen dürfen, waren Adam und Eva, und die hatten tragischerweise niemanden, dem sie grobkörnige Ultraschallbilder von dem noch ungeborenen Kain hätten zeigen können.

Als die Freundin mit der Tochter schwanger war, lasen wir unzählige Schwangerschaftsratgeber, schauten Fernsehdokus über Geburtskliniken, trieben uns stundenlang im Internet in Schwangerschaftsforen herum, schlenderten müßiggängerisch durch Babykaufhäuser, nahmen uns viel Zeit füreinander und streichelten versonnen den kugeligen Schwangerschaftsbauch der Freundin.

Jetzt mit der Tochter ist das alles etwas anders. Sie lässt uns keine Zeit, um Bücher oder im Internet zu lesen, abends sind wir so müde, dass wir spätestens nach zehn Minuten vor dem Fernseher einschlafen, ein Gang durch ein Babykaufhaus ist stressiger, als den sprichwörtlichen Flöhesack zu hüten, da wir die Tochter pausenlos davon abhalten müssen, irgendetwas aus den Regalen zu reißen, und der Schwangerschaftsbauch der Freundin erhält allenfalls Streicheleinheiten, wenn die Tochter auf ihn klettert, um mit ihrer Mutter zu kuscheln.

Auf den Besuch eines Geburtsvorbereitungskurses verzichten wir diesmal auch. Wir fühlen uns auch so kompetent genug, weil wir das ja alles schon einmal mitgemacht haben.

118

Wobei »alles schon einmal mitgemacht« eigentlich nur ein sehr dürftiger Erfahrungsschatz ist, um daraus Expertise und Kompetenz abzuleiten. Ich würde mich ja auch nur ungern von einem Arzt operieren lassen, der mir vor dem Eingriff erklärt: »Keine Sorge, ich habe schon einmal einen Blinddarm entnommen. Oder war es eine Niere?« Nicht umsonst muss man als Allgemeinchirurg rund 300 OPs durchführen, bevor man genug Erfahrung hat, um sich Facharzt nennen zu dürfen. Allerdings fände ich es doch ein wenig übertrieben, 300 Kinder zu zeugen, um als Experte für Schwangerschaften und Entbindungen zu gelten.

Auch bei ihrer zweiten Schwangerschaft hält sich die Freundin penibel an ärztliche Anweisungen. Beispielsweise hat ihr die Frauenärztin geraten, Obst mit hohem Fruchtzuckeranteil nur in Maßen zu genießen, denn diese erhöhten das Risiko eines Schwangerschaftsdiabetes. Seitdem hält sich die Freundin von Trauben, Birnen, Kirschen und Co. fern und isst stattdessen Mars, Bounty und Twix. Wahrscheinlich hätte die Frauenärztin sich bezüglich ihrer Ratschläge zu einer ausgewogenen Ernährung etwas präziser ausdrücken müssen, denn von einem Verzicht auf Schokoriegel hatte sie nichts gesagt.

Als ich die Freundin beim Abendbrot dezent darauf hinweise, dass diese Schokoriegel-Diät vielleicht nicht die beste Präventionsmaßnahme zur Vermeidung eines Schwangerschaftsdiabetes sei, fährt sie mich in einem recht untypisch barschen Ton an: »Wenn du das nächste Kind austrägst, kannst du gerne dein ernährungsmedizinisches Fachwissen anwenden, aber mich verschone damit gefälligst.« Ich verzichte darauf, mich zu erkundigen, ob heute ein paar neue Schwangerschaftshormone eingeschossen sind, sondern reiche ihr einfach einen Snickers zum Nachtisch.

Irgendwann hat sich die Tochter mit der Idee angefreundet, demnächst ein Brüderchen oder Schwesterchen zu bekommen. Sie bringt zwar immer mal wieder zum Ausdruck, dass wir sie mit dem Kauf eines Hamsters sehr glücklich machen würden, gleichzeitig stopft sie sich aber regelmäßig ihre Babypuppe Anna unter das Oberteil, lässt sie dann donnernd auf den Boden plumpsen und ruft voller Begeisterung: »Baby da!« Quasi eine Sturzgeburt in Weltrekordzeit.

Zu einer solchen wird es bei der Freundin nicht kommen. Die erste Schwangerschaft endete erst nach einem 48-stündigen Wehenmarathon mit einem Kaiserschnitt. Die Frauenärztin meinte, es sei nicht davon auszugehen, dass sich in den letzten beiden Jahren Geburtskanal, Muttermund, Vagina und Beckenboden bei der Freundin signifikant geweitet hätten, sodass sich das zweite Kind da bequem durchquetschen könne, wenn es der Tochter schon nicht gelungen wäre.

Wenn man einschlägige Mütterforen im Internet liest – und das sollte man tunlichst vermeiden –, bekommt man den Eindruck, dass Mütter mit Kaiserschnittentbindungen am untersten Ende des Mütter-Rankings angesiedelt sind. Quasi die Rosinen unter den Müttern. Nur Mütter, die nicht stillen, sind noch weniger angesehen. Die sind der Rosenkohl unter den Müttern.

Der fehlende Geburtsstress bei einem Kaiserschnitt soll dazu führen, dass diese Kinder später häufiger unter Anpassungsschwierigkeiten leiden. Das ist natürlich Blödsinn. Denn, wer wurde auf natürliche Weise geboren? Genau, Hitler. Und der war ja wohl der anpassungsgestörteste Mensch, den man sich vorstellen kann.

Ungefähr drei Monate vor dem Ende der Schwangerschaft fahren die Freundin und ich in die Geburtsklinik, um einen Termin für einen geplanten Kaiserschnitt auszumachen. Wir fühlen uns dabei ein wenig wie Hollywoodstars, bei denen geplante Kaiserschnitte zum guten Ton gehören. Wenig hollywoodmäßig und glamourös, sondern eher deutsch und bürokratisch entscheiden wir uns für einen Freitagstermin, weil danach erst mal Wochenende ist und ich mir dann zwei Tage Urlaub sparen kann.

Am Kaiserschnitttag fährt die Freundin frühmorgens mit der S-Bahn in die Klinik, eingequetscht zwischen schwitzenden Berufspendlern mit fragwürdigen Vorstellungen von Körperhygiene und stark alkoholisierten Partyheimkehrern, was das Hollywood-Feeling endgültig zerstört. Ich bringe schnell die Tochter zur Tagesmutter, wo ich sie nebst einem großen Blumenstrauß und einer Flasche selbstgemachtem Eierlikör abliefere, weil sich Frau Preussig netterweise bereit erklärt hatte, die Tochter schon eine Stunde vor der eigentlichen Betreuungszeit zu nehmen.

Anschließend fahre ich ebenfalls in die Geburtsklinik. Im Eingangsbereich treffe ich Thomas, den Spielplatz-Vater. »Hey, Chris! Was machst du hier?« Thomas hält mir die Hand zum Man-Shake hin. Ich schlage ein und erkläre, dass die Freundin gleich einen Kaiserschnitt hat. »Cool!«, sagt Thomas. »Meine Frau hat vor zwei Tagen geworfen.« Er zeigt mir seinen linken Unterarm. »Tia-Maria. 29. Januar 2018« ist dort eintätowiert. »Glückwunsch«, sage ich in gebotener männlicher Kürze und halte ihm die Faust zur Bro Fist-Gratulation hin.

Anschließend gehe ich zur Freundin, die bereits ein wenig kleidsames, aber umso praktischeres Flügelhemd trägt. Ich wünsche ihr noch alles Gute für die PDA und werde dann von einer Krankenschwester in den Umkleideraum gebracht, wo ich mir OP-Klamotten anziehe.

Die grüne Farbe der sackartigen Hose und des nicht minder sackartigen Oberteils verleihen mir das Aussehen eines Ogers mit schlechtem Modegeschmack. Schon während meines Zivildienstes an der Uniklinik Freiburg standen mir die Krankenhausklamotten nicht sonderlich gut, was ich damals als Ursache für meinen mangelnden Erfolg bei den Schwesternschülerinnen, die bei mir im Wohnheim wohnten, ausmachte. Ein Modedesigner, der eng geschnittene und gutsitzende Krankenhauskleidung entwirft, würde Ärzte, Schwestern und Pfleger bestimmt sehr glücklich machen.

Aber mir kann das egal sein. Schließlich bin ich nicht hier, um als Model die neueste OP-Kollektion von Karl Lagerfeld zu präsentieren, sondern um ein Kind zu entbinden. Wobei diese Formulierung vielleicht ein wenig irreführend ist. Mir ist eher eine passive Rolle zugedacht, bei der meine Hauptaufgabe darin besteht, nicht zu stören. Im Prinzip wie bei der Zeugung.

Als ich den OP-Saal betrete, liegt die Freundin schon auf dem Tisch, und die PDA hat ihre Wirkung entfaltet. Ich werde angewiesen, am Kopfende Platz zu nehmen. Wenn mir schwindelig würde, solle ich mich gefälligst auf den Boden setzen, damit ich nicht umkippe und mir einen Schädel-Basis-Bruch zuziehe. Man müsse sich schließlich um Mutter und Baby kümmern und habe schlichtweg keine Zeit, die Erstversorgung für einen schlappschwänzigen Vater zu übernehmen. Es klingt ein wenig, als würde man mir im Falle eines Sturzes einen Gnadenschuss geben und mich dann auf den Gang rollen.

Der Kaiserschnitt läuft problemlos – eine Feststellung, die einem recht leicht aus der Feder fließt, wenn man nicht selbst auf dem OP-Tisch liegt und den Bauch aufgeschnitten bekommt. Da der brustabwärtige Teil der Freundin durch ein grünes Tuch abgetrennt ist, bekomme ich von dem Eingriff ohnehin nicht wirklich etwas mit. Nach knapp 30 Minuten ertönt hinter dem Vorhang ein schmatzendes Geräusch, dann ein Brüllen, und schließlich sagt einer der Ärzte: »Da ist er ja, der kleine Mann.« Ich schließe daraus, dass wir einen

Sohn haben. Oder dass gerade ein 1,60 Meter großer Arzt den Raum betreten hat.

Eine Schwester bringt uns den Sohn, damit wir ihn das erste Mal begutachten können. Als höflicher Mensch gehe ich ihr entgegen, um ihr das Baby abzunehmen. Das zählt zweifellos zu einer meiner schlechteren Ideen, denn dabei überschreite ich die Demarkationslinie des grünen Abtrennungsvorhangs. Ohne nachzudenken, schaue ich nach rechts, was definitiv zu einer meiner noch schlechteren Ideen zählt, da ich dadurch Augenzeuge werde, wie die Ärzte gerade die Plazenta aus dem geöffneten Unterleib der Freundin holen. Ein Gemetzel, wie in einem Quentin-Tarantino-Film (»Placenta Unleashed« mit Christoph Waltz in der Rolle eines sadistischen Gynäkologen). Wenn ich diesen Anblick mit einem Lied beschreiben müsste, wäre es »Too much blood« von den Rolling Stones.

Die Schwester gibt mir den Sohn in die Arme, der mir erst mal zur Begrüßung lauthals ins Gesicht brüllt. Angesichts des von mir beobachteten Real-Life-Splatter-Spektakels würde ich das jetzt auch gerne tun. Ich lege der Freundin den Sohn auf die Brust. Sie fängt sofort an zu weinen. Sicherlich vor Rührung und nicht, weil der Sohn kurz nach der Geburt wie ein zerknautschter Mini-Yoda aussieht.

Während die Ärzte die Freundin zunähen, gehe ich mit dem Sohn in den Nachbarraum, wo ich ein wenig Zeit mit ihm alleine verbringe. Wir nehmen uns erst einmal gegenseitig genauer unter die Lupe. Ich schaue ihn schockverliebt an und denke: »Du gehörst jetzt also zu uns.« Er schaut skeptisch zurück.

Etwas später übergebe ich den Sohn in die Obhut der Schwester und hole die Tochter bei der Tagesmutter ab, damit sie ihr Geschwisterchen kennenlernt. Die Tochter betrachtet ihren Bruder eingehend, beschließt, ihn zu mögen, und knuddelt ihn von Herzen. Das ist lieb gemeint, sieht aber trotzdem wie ein Finishing Move beim American Wrestling aus.

Als die Tochter genug vom Kuscheln hat, dreht sie sich zu mir um und fragt: »Und wo ist mein Hamster?«

Kapitel 14
Die Wutprobe

»WILLE ABER NICHT!« Es ist Sonntag, 18 Uhr, und die Freundin hat der Tochter gerade erklärt, dass es Zeit für die Badewanne ist. Diese hält Baden aber für einen inakzeptablen Hygieneterror, was sie lautstark kundtut. Mit mehreren Kubikmetern Badeschaum, einer Armada an Badetieren sowie einigen unverhohlenen Drohungen bezüglich des Fernsehkonsums in nächster Zeit gelingt es der Freundin doch, die Tochter zu überreden, in die Wanne zu steigen. Als sie eine Viertelstunde später ankündigt, nun sei es Zeit rauszukommen, brüllt die Tochter wieder: »WILLE ABER NICHT!«

Dieses »WILLE ABER NICHT!« ist der häufigste Satz, den die Tochter zurzeit sagt. Sie befindet sich nämlich in der Trotzphase. Und zwar ungefähr, seit der Sohn geboren wurde. Wahrscheinlich ist die Tochter ein wenig eifersüchtig auf ihren Bruder. Das lässt sie aber nie an ihm aus. Dafür an uns. Mehrmals täglich gibt sie uns zu verstehen, dass sie uns für die herzlosesten, ungerechtesten und hinterhältigsten Menschen der Welt hält, die sich bestenfalls als Diktatoren zentralasiatischer Scheindemokratien eignen, nicht aber als treusorgende Eltern, die sich liebevoll um ihre Erstgeborene kümmern und dieser jeden Wunsch von den Lippen ablesen.

Da die Freundin auch nach der Geburt des Sohnes als Erste von uns beiden die Elternzeit genommen hat, muss sie meistens die cholerischen Ausbrüche der Tochter ertragen. Insbesondere auf dem Heimweg von der Tagesmutter spielen sich Tag für Tag Tragödien ab, wie man sie allenfalls im Theater des antiken Griechenlands erleben konnte. »Das ist die absolute Hölle«, klagt die Freundin abends, als wir im Bett liegen und sie den Sohn stillt. In meinem steten hilfsbereiten Streben, meinen Mitmenschen konstruktive Lösungsvorschläge für ihre Alltagsprobleme zu unterbreiten, empfehle ich der Freundin, sie müsse auf dem Heimweg einfach ein wenig gelassener sein, dann sei auch die Tochter entspannter. Mein Ratschlag führt bei der Freundin allerdings weder zu Gelassenheit noch zu Entspannung, sondern sie knurrt ein paar unterdrückte Unflätigkeiten. Wider besseres Wissen weise ich sie darauf hin, dass es genau diese aufbrausende Unbeherrschtheit sei, die sich negativ auf die Stimmung der Tochter auswirke.

Es kommt in der Folge zu einem kurzen, leicht emotionalen Austausch unserer Standpunkte, bei dem wir zugegebenermaßen die Regeln der aristotelischen Diskursführung nicht immer penibel befolgen. Wäre der Sohn schon älter, würde er sich wahrscheinlich eine Schüssel Popcorn holen, um dieses Schauspiel zu genießen. Schließlich fordert die Freundin mich auf, ich könne die Tochter morgen ja abholen, wenn ich so gut Bescheid wüsste.

Nachdem ich mich in unserem Meinungsaustausch wie ein pädagogisches Genie aufgespielt habe, das dem dänischen Erziehungsguru Jesper Juul Nachhilfe gibt, kann ich mich dieser Aufforderung schwerlich entziehen. Möglichst cool antworte ich, dies sei überhaupt kein Problem, wobei das leichte Zittern in meiner Stimme meine zur Schau getragene Lässigkeit ein wenig schmälert.

Am nächsten Tag verlasse ich nachmittags frühzeitig das Büro und fahre mit der U-Bahn zur Tagesmutter. Auf dem Weg denke ich über meine bevorstehende Abholmission nach. Das A und O im Umgang mit Kindern besteht bekanntermaßen ja darin, immer konsequent zu bleiben. Wenn man eine Ansage gemacht hat, muss man dazu stehen und darf auf keinen Fall nachgeben. Für Eltern und die GSG 9 gibt es nur ein Credo: Mit Terroristen und kleinen Kindern wird nicht verhandelt! Ein Grundsatz, für den mich Bernhard Bueb, der Gottvater der schwarzen Pädagogik, sicherlich gerne in den pädagogischen Beirat des mit Zucht und Ordnung geführten Eliteinternats Salem berufen würde.

Mein vibrierendes Handy reißt mich aus meinen Gedanken. Die Freundin hat eine Nachricht geschickt und wünscht mir viel Spaß beim Abholen. Ein kleines Smiley grinst mich höhnisch an. Ich lasse mich nicht provozieren und antworte mit einem Herz-Emoji.

Als ich bei Frau Preussig, der Tagesmutter, klingle, ist die Tochter noch ins Spiel vertieft. Ihre Begeisterung über mein Kommen ist so groß, dass sie nicht imstande ist, diese zu zeigen. Stattdessen überkompensiert sie und ignoriert mich. Meinen Grundsatz befolgend, bleibe ich gelassen. Schließlich ist das Kind erst seit acht Stunden bei der Tagesmutter, da ist es nur verständlich, dass sie jetzt noch spielen muss. Nach knapp zwanzig Minuten ist sie zur Kontaktaufnahme bereit, und ich kann sie überzeugen, dass wir aufbrechen.

An der Garderobe im Hausflur weigert sie sich, ihre Jacke anzuziehen. Da es draußen regnerisch und kühl ist, erkläre ich ihr geduldig, dass sie aufgrund der widrigen Wetterbedingungen nicht ohne Jacke rausgehen könne. Die Tochter findet aber, die Jacke sei doof und kratze. Ich erwidere – immer noch vollkommen ruhig –, sie habe sich die Jacke doch selbst ausgesucht und außerdem sei sie innen ganz weich und kratze gar nicht. Die Tochter ist anderer Meinung. Sie hält die Luft an und bekommt einen roten Kopf.

Mit Engelszungen, aber ohne nennenswerten Erfolg, rede ich auf sie ein. Schließlich zwänge ich sie mit sanfter Gewalt bei gleichzeitig größtmöglicher väterlicher Zuneigung in ihre Jacke. Die Auszeichnung als »Vater des Jahres« rückt in weite Ferne.

Draußen auf dem Gehweg trottet die Tochter lustlos wie das Sanostol-Kind hinter mir her. Erst als wir die Bäckerei vor der U-Bahn-Station erreichen, hellt sich ihr Gesicht auf. Sie gibt mir zu verstehen, es wäre ihr ein großes Vergnügen, ein Croissant zu verzehren. Allerdings erachtet sie dabei die Verwendung bürgerlicher Höflichkeitsfloskeln als unnötig. Auch ihr Satzbau ist – wohlwollend betrachtet – eher als effizient zu bezeichnen. Eigentlich ist es mehr eine

Art Befehl, und zwar in einem Tonfall, der eines Ausbilders der US-Militärakademie West Point würdig wäre.

»WILLE EIN CROISSANT!«, brüllt die Tochter durch die Fußgängerzone. Ich schaue sie leicht tadelnd – aber immer noch mit valiumhafter Entspanntheit – an und frage sie: »Wie sagt die Mama von Leo Lausemaus immer? ›Wer ganz viel will, bekommt am Ende gar nichts.‹«

Die Tochter hält die Lausemaus-Mama mit ihren antiquierten Vorstellungen über akzeptable Umgangsformen sicher für eine reaktionäre Spießerin. Sie stampft mit dem Fuß auf und schreit: »WILLE ABER!!!« Ich entgegne ihr: »So schon gar nicht, kleines Fräulein.«

Menschen, die mich etwas besser kennen, könnten meinen, aus meiner Stimme eine leichte Gereiztheit zu hören. Das täuscht aber. Ich bin weiterhin gelassen wie ein Zen-Buddhist. Na gut, vielleicht wie ein Zen-Buddhist, der gerne nach Hause möchte, weil er ein bisschen friert. Die Tochter beginnt lauthals zu weinen, als hätte ich verkündet, sie werde nie wieder in ihrem Leben etwas zu essen bekommen.

Unterdessen schickt mir die Freundin eine weitere Nachricht. Sie erkundigt sich, ob alles okay sei. Ich stecke das Handy unwirsch in die Jackentasche zurück. Dass man nicht einmal ungestört alleine Zeit mit der Tochter verbringen kann, ohne pausenlos diesem WhatsApp-Terror ausgesetzt zu sein!

Ich widme mich wieder der Tochter und erkläre ihr, nachdem ich mir einen leichten Schweißfilm von der Nase gewischt habe, ganz ruhig, aber bestimmt, dass es gleich Abendbrot gäbe und dass sie sich mit einem Croissant den Appetit verderben würde. Für die Tochter eine vollkommen inakzeptable Begründung. Sie erhöht die Dezibelzahl und Tonlage ihres Weinens so deutlich, dass die Schaufensterscheiben der Bäckerei kurz vorm Zerspringen sind. Vorbeieilende Passanten halten respektvollen Abstand zu uns, weil sie befürchten, sich bei der Tochter mit Tollwut anzustecken.

Schnell gehe ich mit der Tochter in den Laden und kaufe ihr ein Croissant. Unbeteiligte könnten meine Handlungsweise unter Umständen als inkonsequent missbilligen. Ich dagegen möchte den Kauf des Croissants als Nachweis meiner Anpassungsfähigkeit verstanden wissen – eine Eigenschaft, durch die nach der Darwin'schen Evolutionstheorie überlegene Spezies ihr Überleben sicherstellen.

Leicht erschöpft, aber mit einer glücklichen, Croissant essenden Tochter erreichen wir den U-Bahnsteig. Als unsere Bahn einfährt, zeigt sich, dass die Zufriedenheit der Tochter von kurzer Dauer war. Sie bringt ihre Abneigung gegenüber dem Berliner ÖPNV resolut zum Ausdruck: »WILLE NICHT U-BAHN FAHREN.«

Ich erkläre ihr mit der Gelassenheit eines Mahatma Gandhi, der an einer fürchterlichen Migräne leidet, dass der Heimweg zum Laufen zu weit sei und wir daher die U-Bahn nehmen müssten. Wir könnten schließlich nicht fliegen. Die Tochter unterbricht ihr Heulen. Sie will jetzt fliegen. Ich mache ihr klar, dass das nicht möglich sei. Die Tochter besteht aber darauf und brüllt wieder los.

Sanftmütig wie ein Klingone beuge ich mich zu ihr runter und raune, wir könnten entweder ganz gemütlich mit der U-Bahn fahren oder wir machten es auf die harte Tour. Ein Satz wie aus einem miesen Cop-Film, der mit der Goldenen Himbeere für die schlechtesten Dialoge ausgezeichnet wurde. Ich überlege, was ich damit überhaupt meine, aber ich weiß es nicht. Die Tochter auch nicht. Sie schreit weiter. Müsste ich den Heimweg mit der Tochter mit einem Lied beschreiben, wäre es »Highway to Hell« von AC/DC.

Nachdem fünf Züge ohne uns abgefahren sind und ich aus den Unterhaltungen der Wartenden immer häufiger das Wort »Jugendamt« höre, bugsiere ich die zeternde Tochter energisch in die nächste Bahn. Beruhigend erkläre ich den anderen Fahrgästen, es bestünde kein Anlass zur Sorge, wir seien bereits auf dem Weg zum Exorzisten. Ich ernte kollektives, missbilligendes Kopfschütteln. Zum Glück fahren wir nur drei Stationen.

Passend zum suboptimalen Verlauf unserer Heimreise ist die Rolltreppe in der U-Bahn-Station defekt. Wir müssen die Treppe hochlaufen. Dies entspricht nicht den Vorstellungen der Tochter. Sie will nicht laufen, sondern ich soll sie tragen. Ich erkläre ihr, sie sei groß genug, habe gesunde Beine und könne selber laufen. Ermunternd strecke ich ihr die Hand hin, damit wir gemeinsam hochgehen.

Sie will aber nicht, und mit demonstrativ mangelndem Respekt gegenüber meiner väterlichen Autorität schlägt sie meine Hand weg. Ich erkläre ihr, dass ich dann schon mal ohne sie losgehen und oben auf sie warten würde. Sie beginnt in einer Lautstärke und Intensität zu kreischen, gegen die der Start eines Düsenjets wie ein zartes Glockenspiel anmutet.

Ich gehe wieder runter zur Tochter, um sie zu beruhigen. Da taucht ein älterer Herr auf, der die Tochter fragt, ob sie ein Stück Schokolade wolle. Mit ein paar kehligen Lauten herrsche ich ihn an, wir hätten hier alles im Griff und kämen auch sehr gut ohne seine Schokolade klar. Ich möchte nicht ausschließen, im Eifer des Gefechts eventuell auf ein paar Begriffe aus dem Reich der Ausscheidungen und der Fortpflanzung zurückgegriffen zu haben. Aber ich weise es entschieden von mir, dem eingeschüchterten Senior vorgeschlagen zu haben, er könne sich die Schokolade in eine Körperöffnung unterhalb des Steißbeins schieben, und ich wäre ihm dabei gerne behilflich. Zumindest erinnere ich mich nicht daran.

Plötzlich klingelt mein Handy. Die Freundin will wissen, wo wir denn blieben. »Jetzt nicht!«, zische ich ins Telefon. Dann belle ich noch hinterher, ich verbäte es mir, zu jeder Minute über jeden meiner Schritte Rechenschaft ablegen zu müssen. Ohne eine Antwort abzuwarten, lege ich auf.

Anschließend klemme ich mir die Tochter wie ein französisches Stangenweißbrot unter den Arm und schleppe sie die Treppe hoch. Wobei der Vergleich nicht ganz zutreffend ist, da ein Baguette erheblich weniger zappelt und kreischt.

Oben angekommen laufe ich in Dörte. Sie steht neben Konrad, der heulend auf dem Boden liegt und mit den Fäusten trommelt, als sei er vom Leibhaftigen besessen. »Das ist aber schön, euch zu sehen«, ruft Dörte und umarmt mich. Die Tochter windet sich immer noch wie ein Aal unter meinem Arm. »Es ist doch schön, wie viel Energie die Kinder in dem Alter haben«, erklärt Dörte. Sie klingt jedoch ein wenig gestresst. Deswegen weise ich sie lieber nicht darauf hin, dass Konrad sich gerade in einem gigantischen Hundehaufen wälzt. Ich verabschiede mich und gehe mit der Tochter weiter.

Zu Hause angekommen übergebe ich die Tochter in die Obhut der Freundin und gehe ins Badezimmer. Aus dem Spiegel starrt mich ein weißhaariger Greis mit fahlem Antlitz und blutunterlaufenen Augen an. Er empfiehlt mir, gelassener zu sein, dann sei auch die Tochter entspannter. Ich schmeiße mich auf den Boden und brülle: »WILLE ABER NICHT!«

»Mach dir keine Sorgen, ich hab das schon mal gemacht.« Es ist Montagmorgen, 8 Uhr, und ich stimme den Sohn auf unsere gemeinsame Elternzeit ein.

»Mach dir keine Sorgen, ich hab das schon mal gemacht« ist zugegebenermaßen wieder kein besonders schmissiger Satz, der sich als Titel für meine Memoiren eignen würde. Und dass man schon mal etwas gemacht hat, muss ohnehin nicht zwangsläufig gut sein. Stichwort Modern-Talking-Comeback. Der Blick des Sohns ist auch eher skeptisch. So richtig überzeugt scheint er von meiner Beschwichtigung nicht zu sein. Irgendwie auch verständlich. Schließlich gibt es nichts Beunruhigenderes als die Aussage, es gäbe keinen Grund zur Sorge. »Mach dir keine Sorgen, der Eisberg ist weit genug weg.« »Mach dir keine Sorgen, den Fallschirm habe ich persönlich überprüft.« »Mach dir keine Sorgen, nie im Leben wird Donald Trump Präsident.«

Ab heute habe ich also wieder Elternzeit. Here we go again. Same procedure as three years ago. Alle drei Jahre grüßt das Murmeltier. Der Sohn wird auf meinem Arm unruhig und sucht nach meiner Brust. Weil ich ihm da nichts Hungerstillendes anzubieten habe, gehe ich in die Küche, um seine Frühstücksmahlzeit vorzubereiten. Mit einer Hand öffne ich den Beutel mit abgepumpter Muttermilch, gieße den Inhalt in ein Fläschchen und erwärme das Ganze im

Wasserbad. Und das alles, ohne dass die Küche danach aussieht, als habe dort, »Herr-der-Ringe«-gleich, die Schlacht um Helms Klamm stattgefunden.

Ja, ich habe in meiner ersten Elternzeit so einiges gelernt. Zum Beispiel kann ich mich mittlerweile mit anderen Eltern unterhalten, ohne das dringende Bedürfnis zu verspüren, mir in bester Van-Gogh-Manier die Ohren abzuschneiden, damit ich mir nicht länger anhören muss, dass irgendein Kind in fünf verschiedenen Sprachen Bäuerchen machen kann. Vor drei Jahren war das noch anders.

Mittlerweile ist mir klar geworden, dass andere Eltern zwar ziemlich nervig sein können – schließlich sind sie auch nur Menschen, und die sind nun einmal meistens nervig –, aber irgendwie sitzen wir doch alle in einem Boot. Und zwar in einem Boot, auf dem die Nächte sehr kurz sind, der Schlafmangel sehr groß ist und die Wäscheberge sehr hoch sind. Egal, ob wir wie die Dörtes dieser Welt unsere Kinder alternativ-esoterisch erziehen, oder wie Thomas unseren Nachwuchs auf Höchstleistungen trimmen wollen, so haben wir alle nur einen Wunsch: Wenn das Kind nachts alle zwei Stunden nach Essen verlangt, tagsüber von Blähungen gequält pausenlos herumgetragen werden will und sich abends brüllend gegen das Einschlafen wehrt, dann möchten wir, dass uns eine mitfühlende Person in den Arm nimmt und mantragleich ins Ohr flüstert: »Alles wird gut.« Und uns einen doppelten Gin Tonic reicht.

»So ist es doch, oder?«, frage ich den Sohn. Aber von ihm ist keine Antwort zu erwarten. Er ist gerade dabei, sein Fläschchen mit großen Schlucken zu leeren. Als er fertig ist, schaut er mich ernst an. Manchmal hat er diesen weisen Blick. So als hätte er den Anfang und das Ende des Universums gesehen, als kenne er die Antworten auf alle Fragen, und als könne er mir die Welt erklären. Aber vielleicht macht er gerade auch nur Pipi.

Mit dem Sohn auf dem Arm spüle ich das Fläschchen einhändig ab. Im Radio singen Sonny & Cher »I got you babe!«.

Ich danke

… meinem Freund Arne, der die Idee für den grandiosen Buchtitel hatte. (Falls er Ihnen nicht gefällt, beschweren Sie sich also bitte bei ihm.)

… Frauke und Florian, die spontan schwäbische Übersetzungsdienste leisteten. (Und noch nicht einmal im Prenzlauer Berg wohnen.)

… meinem Cousin Matthias, der mich an seinem Wissen über die Medizinerausbildung teilhaben ließ. (Und das mit einem Halbsatz in das Buch eingeflossen ist.)

… den Leserinnen und Lesern auf dem Blog, bei Twitter und Facebook, die masochistisch genug sind, mir seit Jahren zu folgen.

… meinen Kindern, die mir täglich Stoff für neue Geschichten liefern. (Und jetzt legt die Handys weg und räumt eure Zimmer auf.)

… meiner Frau, die während des Schreibens den Großteil der Hausarbeit übernahm, damit ich mich hier als moderner, nach Gleichberechtigung strebender Partner und Vater inszenieren kann.

Und zum Schluss ein Versprechen an meinen Sohn: Im nächsten Buch spielst Du dann die männliche Hauptrolle. Großes Ehrenwort!

Wie geht es zu in Zeiten privater Geschlechterparität, wenn ein Paar beschließt, ein Kind zu bekommen? Christian Hanne erzählt davon, wie Schwangerschaft und Geburt eine moderne, gleichberechtigte Partnerschaft auf die Probe stellen.

Was man von diesem Autor jedenfalls lernen kann, und das sollte man auf gar keinen Fall unterschätzen: Mit Humor ist die Aufzucht des Nachwuchses gleich ein bisschen einfacher.
»n-tv«

Wenn man die Lachtränen zugrunde legt, die er seinen Lesern mit seinem Blog »Familienbetrieb« in die Augen treibt, muss die Verzweiflung riesig sein!
»Berliner Zeitung«

Am besten man liest das Buch zusammen mit seinem Partner, dann kann man auch mal wieder über sich selbst lachen.
»Sein. Zeitschrift für Spiritualität«

Christian Hanne
»WENN'S EIN JUNGE WIRD, NENNEN WIR IHN JUDITH«
Aus den Gründerjahren des Familienbetriebs
Seitenstraßen Verlag
9.90 Euro / 7.99 Euro eBook

Aus dem Verlagsprogramm

Zoff & Zärtlichkeiten.
**Diese Bücher ersparen die
Paartherapie – helfen schneller,
sind preiswerter und
vor allem viel, viel lustiger.**

Versandkostenfrei bestellen www.seitenstrassenverlag.de oder überall im Buchhandel. Online & offline.

Stefan Schwarz
»ICH HÖRE DIR ZU, SCHATZ«
Aufrichtige Bekenntnisse eines
Mannes im besten Alter
Satirische Kurzgeschichten
Seitenstraßen Verlag
9.90 Euro / 7.99 Euro eBook /
11.90 Euro Hörbuch (UVP)

Stefan Schwarz
»ICH KANN NICHT, WENN DIE
KATZE ZUSCHAUT«
Neue schreckliche Einzelheiten
aus dem leben eines
Mannes von mittlerer Statur
Satirische Kurzgeschichten
Seitenstraßen Verlag
9.90 Euro / 7.99 Euro eBook /
11.90 Euro Hörbuch (UVP)

Familienbetrieb
@Betriebsfamilie

Folge ich

Wie ich mal vor 17 Jahren ein Date hatte und jetzt jeden Morgen Pausenbrote schmiere.

17:28 - 25. Juni 2014

1.157 Retweets **5.190** „Gefällt mir"-Angaben

💬 50   🔁 1,2 Tsd.   ♡ 5,2 Tsd.   ✉

Sie wollen mehr?

Christian Hanne alias »Familienbetrieb«
auf anderen Kanälen

Blog
https://www.familienbetrieb.info

Twitter
https://twitter.com/Betriebsfamilie

Facebook
https://www.facebook.com/hannefamilienbetrieb

Instagram
https://instagram.com/betriebsfamilie